華志文化

華志文化

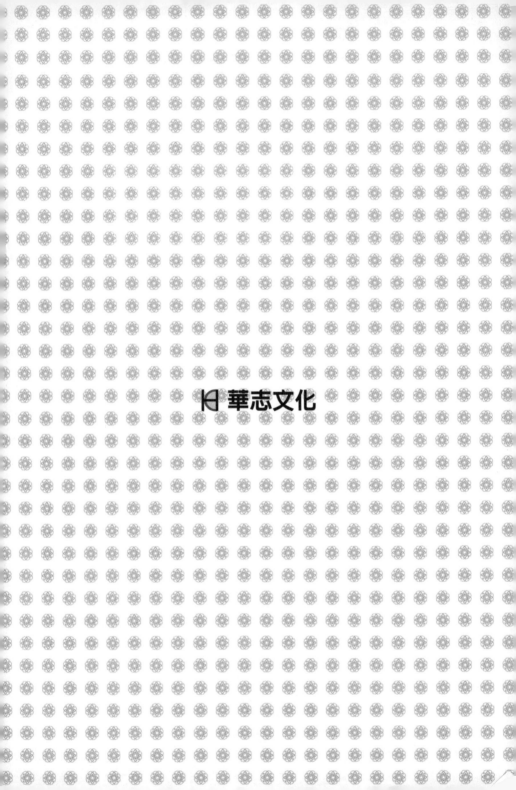

THE NEW PSYCHOLOGY（Open the Secret to Health , Wealth and Love）

宇宙中最偉大的財富就是一個人的頭腦

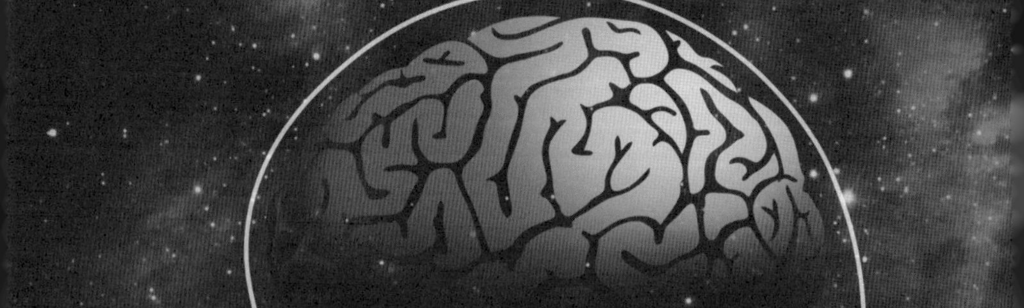

世界最神奇的心靈課程

每個人都有「價值百萬美元的才能」，這種才能就深藏在你內心深處，並等待著你去開發、去運用、去實現。本書就是激發你內在潛能的最好讀本。

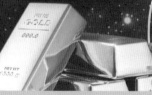

百年來暢銷全球的潛能開發學經典
亞馬遜網站心理暢銷書排行榜之首

原版經典全譯本
白金限量版
199
元

激發價值百萬美元的才能訓練課
釋放內在創造性力量的完美經典
超越抱負與期望的潛能開發祕本

【美】查爾斯．哈奈爾
(Charles Haanel)◎原著

Charles · Haanel 查爾斯·哈奈爾創造了史上最有價值的潛能訓練體系，這一體系的正確運用，將使人擁有常人難以企及的幸福、成功和巨大的財富。

序言

很高興能把查爾斯・哈奈爾這本奇書呈現在你的面前。這將是我們這一個世界上最神奇的心靈課程。它不僅涵蓋了許多難以對付的主題，而且你會發現自己很快就會被它給吸引了，因為你將癡迷於對事物的全新理解。

我們必須說明，這本書詳細闡述了精神科學背後的觀念與理論，提供了許多支持其主張的實例和證據。

儘管這部著作問世已近百年，但它所論述的若干理論到今天依然有效。對於任何一個渴望理解精神科學的人來說，本書都是必不可少的。它對任何一個想透徹瞭解哈奈爾及其信仰的人來說也是必不可少的。透過他的話，我們可以得到一幅關於他的、更清晰的圖畫——作為一個思想者，一個探索者，甚至多半還是一個夢想家。

此外，在本書的編輯出版過程中，我們亦選取了哈奈爾生前未曾公布的24堂課生命改造體系祕篇，並將其融合於本書之中，相信其中的真知灼見必將能為你的生活——健康積極的生活貢獻一份力量。它們在哈奈爾先生去世六十多年來首次被公開來面對讀者。希望讀者可以從中得到更多的驚喜和收益。

自然地，我們也不能不提到，哈奈爾的時代距今已有半個多世紀，因此，書中的一些觀點難免與當今的科技發展相悖離。為此，我們在編輯出版過程中做了必要的處理和調整。而某些因前後文關聯不宜刪節的地方，我們做了相應的保留。相信以當今讀者的智慧，完全能夠去蕪存菁，擷其精華。從而能夠前後融會貫通，深刻理解哈奈爾留給世人的偉大思想。

最偉大的力量

讓我們來看看大自然中的這些強大力量是什麼。在礦物世界裡，每一樣東西都是固體的、不易揮發的。在動物與植物的王國裡，一切都處於變動不定、不斷變化、始終被創造與再創造的狀態。在大氣中，我們發現了熱、光與能量。當我們從有形轉到無形、從粗糙轉到精細、從低潛力轉向高潛力的時候，各門各類都變得更加精細，更具有精神性。

當我們到達看不見的世界時，我們便找到了最純粹的、處於最不穩定狀態的能量。

正如大自然中最強大的力量是看不見的無形力量一樣，人身上最強大的力量也是看不見的無形力量——他的精神力量，而彰顯精神力量的唯一方式，就是透過思考轉變的過程。

思考是精神所擁有的唯一活動，思想是思考的唯一產物。

推理，乃是精神的過程；觀念，乃是精神的孕育；問題，乃是精神的探照燈和邏輯學；而論辯與哲學，乃是精神的組織機體。

有想法，就會引發生命機體某種組織的物質反應，這就會引發機體組織結構中客觀的物質改變。所以，只須針對某一給定主題作出一定數量的思考，就能使人的身體組織發生徹底的改變。

這就是失敗演變為成功的過程。勇氣、力量、靈感、和諧，這些想法取代了原先的失敗、絕望、匱乏、限制與嘈雜的聲音，慢慢在心中生根，身體組織也隨之而發生改變，個體的生命將被新的亮光照耀，舊事已經消亡，萬物煥然一新，你因此獲得了新生。這是一次精神的重生，生命因而有了新的意義，生命得以重塑，充滿了歡樂、信心、希望與活力。你將看到成功的機遇，而在此之前，你是盲目的。

你的身上充滿了成功的想法，並輻射到你周圍的人，他們反過來又會幫助你前進與攀升。你將吸引到新的、成功的合作夥伴，而這又會改變你的外在環境。

就是透過這樣簡單地發揮思想的作用，你不僅改變自身，同時也改變了你的環境、際遇和外在條件。

我們正處在嶄新一天的破曉時分。即將到來的各種可能，是如此美妙神奇，如此令人陶醉，如此廣闊無邊，以至於幾乎令你目眩神迷。我們正在經歷的事情是一個世紀前做夢也想不到的，而即將發生的還有更多。

不用說，任何一個認識到了本書中所包含的內容的人，都擁有難以想像的優勢，足以傲視蒼生——他會成為正展現在每個人面前的無窮可能性的一部分。

體驗並超越你的雄心和希望

閱讀並體驗本書，將超越你在生活中的雄心和希望。

◎你會完全理解如何使夢想成真。

◎你會看到「引力法則」究竟如何發揮作用以及為什麼會發生作用，並開始看到它的效果幾乎是立竿見影。

◎你會學到一種新奇的方式以實現你理想的體重，這種方式並不包括減肥藥丸、時尚食物，也不會讓自己餓得要死。

◎你將學會如何「訓練你的大腦」，從而消除你生活中的懷疑與恐懼。

◎你將發現擁有生活的意義的重要性，你將會得到訓練以幫助你找到這種意義。

◎你將學會世界菁英們用來建構財富和帝國的技藝。

◎透過學習如何集中注意力，你將會懂得：為什麼很多聰明人從未達到過那些並不太聰明的人所達到的成功高度。

◎要想在任何商業冒險中實現真正的成功，僅僅學習渴望「賺錢」是遠遠不夠的，那只會讓你走向失敗。

◎發現消極的自我訴說如何能很快地被積極的自我訴說所消除、所取代，這將會幫助你實現你的目標和夢想。

◎把你的計畫付諸行動會更容易，並且會以空前的速度發生。

◎結果很快就會出現，速度超出你以前的想像。

◎目標的設置將變成一件很簡單的事。

◎實現目標幾乎成了你的第二天性。

◎你會看到，無論過去有什麼事情發生在你的身上，它對現在的影響都微不足道。你會昂首挺胸，以巨人的意志展望未來。

◎有三條規律等待為你效勞。學會如何利用它們的力量，這樣你就可以實現你的目標、夢想與渴望。

◎透過界定你自己和你的目標，你會讓自己看上去能夠吸引成功和機遇。

◎你會懂得，「技巧」就是任何努力中取得成功的新「祕訣」。

◎當你體會夢想成真的過程的時候，你就能夠把它應用於生活中的任何方面——個人的、財務的或商業的。

◎你會看到，學習並改進你的記憶力，可以透過放鬆而得到很大的幫助。

◎閱讀固然重要，同時你會發現，知道自己該讀什麼更重要。

◎你已經耽擱了嘛？你不會再耽擱的。一旦你清楚地界定了願望和目標，你就會在內在自我中找到前所未知的能量和行動的意志。

◎每個人都有獲取「百萬美元的才能」，但他們並沒有加以利用。透過訓練你會發現你的這筆財富，你還會看到，如何能讓它產生立竿見影的效果。

◎你將認識到做白日夢與目標確立之間的差異，以及一個人如何能賺比別人多十倍的錢。

◎當你丟掉芝麻撿起西瓜的時候，你眼下所遇到的問題會從你的生活中消失。

◎你在生活中遭遇的「艱辛坎坷」會更少。

◎你學會了如何把問題或目標化整為零，你就能夠戰勝任何問題，實現任何目標。

◎你會發現，當你讓自己在接近事物的時候靜下來，你就會看得更清楚，並因此看到實現夢想的機會與可能。

◎你不僅會為自己的失誤承擔責任，而且還會為自己的成功真正地承擔起責任，這是很多人羞於去做或害怕去做的事——但成功者並不會這樣。

◎好的東西出現，壞的東西就會消失。要將你好的特點付諸應用，將壞的特點徹底排除，你就會成為一個精力充沛的人。

◎你會看到，你所遇到的問題很容易被戰勝，它們是你通向成功的「墊腳石」，而不是事情出錯的跡象。

◎你的生活將比你所認為的更豐富、更富有、更成功。

◎你不僅會擁有通向真正成功的鑰匙，而且還會知道：什麼鑰匙開什麼門。

致讀者

親愛的朋友：

一位年輕人去找禪師，請教如何才能得到內心的平靜。

禪師問他：「如果你擁有了宇宙中最偉大的財富，你還缺少什麼呢？」

「如何能擁有宇宙中最偉大的財富？」年輕人困惑不解地問。

「產生這個問題的地方，就是宇宙中最偉大的財富。」禪師答道。

對一位禪師來說，這個回答比他們通常藉以揚名的那些開示更直接了當。他所指的當然是一個人的心智——亦即一個人的頭腦。

一切財富。一切幸福。一切健康。一切關聯。這些東西都是我們的心智——亦即我們的觀念——的產物。用已故的羅伯特．安東．威爾遜的話說，就是：

「頭腦產生我們所經歷的一切——我們所有的痛苦和煩惱，我們所有的極樂和狂喜，我們所有的發展程度更高的願景和跨越時代的巔峰體驗，以及諸如此類的東西。在最唯物的經濟意義上，它也是『宇宙中最偉大的財富』。它創造了所有的觀念，這些觀念被社會所運用，變成了財富：道路，科學規律，曆法，工廠，電腦，救命的藥物，醫學，牛車，汽車，噴氣式飛機，太空船……」

從書頁上暫時抬起你的眼睛，看看周圍吧。你所看到的每一樣東西都是某個人心智的產物。不妨對之思考片刻。

你坐的那把椅子，起初只是某個人的一個想法。他想到了要做一把椅子，於是他就做出設計，買來他所需要的配件，組裝它們，然後使得它可以出售。拿那個照亮你的房間的電燈泡來說吧！你肯定會想到愛迪生，是他想出了這個主意，然後又勞心費力地讓它變成了現實。你書架上的圖書，你所住的房子，你所開的汽車……也都是這樣來的。每樣東西起初都是某個人的一個想法。

現在，這兒有一個大問題：

怎樣才能利用你的心智——宇宙中最偉大的財富——來獲得你想要的東西呢？

在我們回答這個問題之前，先讓我問你幾個問題吧：

◎你靠自己的想法和觀念賺到了錢沒有？你是否讓它們實現了充分的價值？

◎你吃得好嗎？睡得好嗎？讓自己放鬆了嗎？

◎你是否專注於你的生意或工作並依然有足夠的時間留給家人？

◎你是否像你所希望的那麼健康？

◎你的時間是否分配得很好？

◎在白天你是否有足夠的時間完成你應該完成的事情？

◎你是否睡得很沉並能很好地恢復精神而不做任何令你恐懼或煩惱的夢？

◎你是否總是精力充沛、煥然一新地醒來？

◎你的每一天是否都過得充實？

◎你是否期盼著每一天的來臨？

◎你是否讓生活中的每一件事情都對你的精神和身體有益？

◎你所遇到的人是否都做你想讓他們做的事情？他們對你的感覺是否如你所願？他們對你的看法是否如你所想？

◎你所遇到的事情是否做起來很容易而且無需付出巨大的努力？

◎你是否能把精力集中在一個問題上，而把所有別的事情拋開？

◎你是否能把一個問題拆開、分化、瓦解，為的是能夠理解它的各個層面，以便找出解決的辦法——明確地、決定性地、最終地解決問題？

◎當你解決了一個問題的時候，你是否能不再考慮此事，並把注意力轉移到別的事情上？

◎你是否心態平和，擺脫了憂愁、煩亂、焦慮和懷疑？

如果你希望賺到自己真正應得的薪水，帶著新的精力和活力期盼著每一天的來臨，能輕鬆地解決生活中的問題，變得無所畏懼，讓人們對你做出肯定的回應，擺脫你內心中的憂慮和懷疑，那麼，可以肯定，你今天所讀到的將是最重要的文字。

你將發現，你能做到上面所說的一切，而且會做到更多——透過學習如何利用你所擁有的最偉大的財富，你將能做到這一切。

CONTENTS

第一課：成功取決於你的心理狀態

當一個目標或意圖清晰地佔據著思想的時候，它的沉澱（以有形的、可見的形態）僅僅是個時間問題。想像總是先於實現，並決定著實現。

——莉蓮・懷汀

❤有金錢意識的人總是吸引金錢。有貧窮意識的人總是吸引貧窮。兩者都心想事成，毫釐不爽，透過思想、言辭和行爲，爲他們所意識的事物鋪平了道路。「他心怎樣思量，他爲人就是怎樣。」①約伯說：「我所害怕的事降臨到了我的身上。」意識，或者思想與信念，就是一些精神導引，我們所意識的事物就是借助它們找到了通向我們的路徑。

❤惦記夜賊的家庭是個吸引夜賊的家庭。從不擔心夜賊或沒有意識到夜賊正在進入他家的人，絕不會受到騷擾。攔路劫匪從不襲擊絲毫也不害怕的人——有某種東西會阻止他。有恐懼意識的人總是招致攻擊。正如膽小的人一樣，街上那隻提心吊膽的狗本能地會成爲所有其他狗進攻的目標。

❤人是自己未來的建築師。他可以造就自己，也可以毀掉自己。他可強可弱，可富可窮，一切取決於他控制自我意識、發展內在能力的方式。一個人所需要的是力量、決心，以及透過工作、活動和學習而帶來的自我改進。你必須學會給自己的頭腦披上力量與能力的美麗外衣。你必須樂於拿出與用在穿衣打扮上同樣多的金錢、時間和耐心，用在美觀而有效地整理這件精神的外衣上。透過實踐商業世界中的信任法則和恰當調整，沒有什麼事情是不可能的。

❤你有一筆有著無窮價值的遺產。儘管它已經被交到了你的手裡，但只有透過實踐自然、精神和靈魂的法則，從而爲它鋪好邁向你的道路，你才會眞正擁有它。生活中的偉大目標和意圖，不可能透過瞎貓碰上死耗子的方法來實現。你所需要的唯一才能，就是做一個偉大的人、一個強而有力的人。不過，這種才能千萬不要包在餐巾紙裡藏起來。一定要把它展示出來，讓它發揮作用。一定要培養它。如果你想做一個偉大的人，那麼就要發現自己的才能，然後對自己說：「這就是我要做的事情，忘掉所有其他事情，我要勇往直前，攀登上新的高度。」你有一項高貴的、與生俱來的權利；如果不善加利用，這項權利就不爲人知。

❤很少有人能實現對豐裕的佔有，因爲這個原因，在那頂峰之上才有成功、名聲和榮耀。那裡留有你的一席之地。那裡，有財富等著你，有榮耀等著你。因此，如果你想達到那樣的高度，就要拒絕讓低級事物佔據你的注意力的權利。用意志和願望的內在力量，提升自己在世界中的位置。

❤請記住，意圖控制著注意力。要擁有一個偉大而光榮的理想，讓這一理想永遠超越你。當你前進的時候，不斷創造新的理想或許是必要的，因爲理想一旦實現，它就不再是理想了。研究你的理想，與你的理想傾心交談，與它溝通，伴它入夢，讓你的心專注於它，讓你的雄心與活力把你帶向它。「你的財寶在那裡，你的心也在那裡。」②

❤你對自身價值的評估，其發言是如此大聲、如此有力，以至於人們本能地覺得：這樣的價值就在你所說出的每句話裡。「人的禮物，爲他開路，引他到高位的人面前。」③相信自己，你就會發現你的禮物，而你的禮物會提升你，用成功給你加冕。保持這種對自己的信任吧。

❤你可曾爲自己規劃一個偉大的未來？那麼就想想，你是否沒有告訴任何人，即使你會實現。

❤你是否有一項偉大的計畫、方案或創意正在規劃當中？把它保留給自己吧，別透露出來。如果不這樣，你就會半途而廢。

❤這些是你的私人財產。你對自己的信任，你未來的成功，完全是你的私人圖景，不應該讓任何人看到它，除了你自己。

❤把這些東西保留在你大腦中孕育它們的地方。它們一出生，世界就會認識它們。

❤每一幢建築，無論大小，最初都是一種精神理念。從理念狀態，它逐漸發展爲精神圖景。從精神圖景，它被發展爲一幅草圖，或者被畫在一張紙上。

❤從這張紙開始，透過豎立起一個鋼鐵或木質框架，接著是木材、磚塊、石頭或水泥築成的外牆，它最終發展成了物質的表達和形態。

❤這就是一幢建築賴以進入可視表達的方法。每一幢建築都是先有它的精神形態，然後才有它的物質形態。物質形態的背後，是最初的理念。理念來自不可見的領域。獲得接受和批准的理念變得眞實。

❤所有大買賣，所有大成功，起初都存在於大想法中，存在於大計畫中，並與宇宙的偉大心智相鍥合。

❤在視覺化的過程中，或者在建構你的事務的精神圖景的過程中，總是保持在合理的生長與發展的範圍之內。一次持久性的成功，通常是適度地生長與發展的。你所建構的成功精神圖景如果大於理性所能證明的限度，你一定會一敗塗地。時機不成熟的成功不可能保持下去。

❤把一件事情視覺化直到你實現這件事情。把一次更大的成功視覺化直到你實現這樣的成功。然後，一次更大的成功，總是保持在理性的限度之內，總是為不可能的或無法預料的突發情況留有餘地。

❤在那頂峰之上，有很大的機遇。因為很少有人能夠充分發展自我，堅持下去，並相信自己能攀上頂峰。眼下每月賺五百美元的人，不會賺到一千美元，除非他所提供的服務值每月一千美元。

❤你，你自己，就是你未來的建築師。當你的眞正價值足以大到讓你的服務變得必不可少的程度時，商人們才會帶著誘人的薪水來找你。然後你就可以報出自己想要的價格——而且你會得到它。

❤要樂於把金錢投入到精神工具上。要做任何能夠開發價値的事情。

❤在這樣爲自己創造成功的同時，你也必須爲他人創造成功，因爲在某種程度上，成功是互相依賴的。爲了你的成功，其他人也必須成功。

❤那些一無所有的人，不可能購買你的服務或產品。因此，你必須激勵他人成功。在這方面你越成功，你自己的成功就越圓滿。

❤你得到的，就是你給予的。給予的多，得到的會更多，因爲他人的想法給予你精神的動力，在這種動力中，你會被攜帶著跟隨超常的力量一起前行，而這種力量是一切力量之源。

❤不可能的事情，總是因爲有人膽敢相信它是可能的而成爲可能。過去的偉大發明，都是被那些比別人更相信它能實現的人創造出來的。他們的信念，激勵了行動、研究、思考和努力。當信念得到工作的有力支持的時候，它就會結出碩果。這就是「普遍規律」。

❤還有更多的事情等待那些有信念的人去實現。如果你是一個有信念的人，你就會深深地穿透知識領域，從看不見的領域中揭示出嶄新的、令人驚嘆的東西。

❤這是一項爲那些足夠勇敢的人而準備的工作，他要敢於站在獅子的洞穴中，當這頭獅子以奚落或恐嚇的怒吼威脅著他的生命的時候，他無所畏懼，毫不害怕。

❤要實現更多的事情，你就必須保存自己的力量，你必須把這些力量用於實現你的理想。礦工深深地挖入地球的內部，勤勉不懈地勞作，拒絕享樂與奢華，這樣他才可以獲得貴重的金屬，爲的是在更大、更好的程度上獲得生活必需品。

❤既有物質的金礦，也有精神的金礦。精神的金礦是透過集中、勤勉而融會貫通的思考來穿透的。因此，一個人可以披上精神黃金的外衣，這樣的外衣使得他能夠透過實際、巧妙而且合理的方法，去吸引物質的財富。

❤冥思苦想就是精神採礦，而深刻的、富有穿透力的思考使得思考者能夠把頭腦裡的黃金轉變爲手頭上的黃金。

❤精神採礦就像採金礦一樣需要專心致志。專心致志就是把注意力集中在一個共同的中心上。要集中並加強注意力。不屈不撓，百折不回。百分之百的注意力就是專心致志。

❤炸藥被集中爲能量，並使能量具體化。頭腦在集中的時候就變得充滿活力。這樣一種頭腦能夠實現奇蹟。充滿活力的頭腦能夠在別人失敗的地方取得成功。這是眞的，因爲它發展並創造了吸引成功的方法與手段。它有著實現計畫的力量。

❤邁向成功的道路是向上的，並存在於向上的攀登中，有許多東西要超越，有許多東西要克服，這些東西就像地心引力一樣，總是把我們向下拉。

❤很多受過教育的人都失敗了，因爲他們的知識是膚淺的、智力的，而不是實際的、有生命的；因此，知識並沒有把他們跟力量之源聯繫起來。很多目不識丁之輩，卻因爲那種內在的精神獲得了成功和榮譽，這種精神是不可戰勝的。

❤不可能的事總是被轉變成可能。要獲得「大智」的力量，你就必須放開手腳、無拘無束地去思考，去相信，去實踐。

❤有意識地重複任何一個陳述（讚賞的或批評的），會在你的身上產生出這一陳述所表達的品質。給你的「自我」一個壞的名聲，並加以詆毀和誹謗，它就會眞正做到符合你所給予它的名聲。

❤相反地，如果你記住：實際上，你的眞正的「自我」是完美的、理想的，因爲它是精神的，而且那種精神絕不是不完美的。如果你稱許它，讚美它，即使它看上去辜負了你，你也會得到你所給予它的好名聲，而且你最終會發現：你確實找到了

「無價之寶」。

❤集中注意力的能力，是天才區別於他人的標誌。它包括這樣的能力：保持你的心智向無限的知識之源敞開，並因此獲得智慧、知識、力量和靈感的提升，避免誤入歧途的和漫無目標的精神力量，這是造成生活中許多失敗的主要原因。

❤太多的人漫無目標地以盲打誤撞的方式，著手處理生活中的事務。生活中首先考慮的事情應該是熟悉「普遍規律」，這些規律控制著存在的精神層面和物質層面。

❤拿電做比喻，精神可以比做高壓電，心智可以比做變電所。當電車脫離電線的時候，人的狀態就是死氣沉沉的、不穩定的、膽小怯懦的，在重新建立起這一聯繫之前，如果他斗膽冒險的話，他的努力就會付諸東流。

❤在心理上瞭解自己，就是懂得如何建立起必要的聯繫，並因此以最大的成功和最小的抵抗把動力應用於生活的難題。

❤對於控制著這一力量的規律，人們所擁有的知識各不相同，人的差異就在於此。未使用的力量，跟埋藏於地底的黃金並無不同。在被發現、被應用之前，它毫無價值。

❤精神的力量可以轉換爲任何資產。如果恰當地加以引導，它可以實現任何目標。

❤這一力量就是「無價之寶」。它是「一筆埋藏在地裡的財寶，一個人在耕地的時候發現了它，便把自己所有的一切全都賣掉，來購買這塊地」。（譯者注：參見《新約．馬太福音》第十三章四十四節）它是用餐巾紙包著藏起來的天賦才能，爲了實現任何有價值的事情，人們必須發現它、揭示它。

❤這筆「無價之寶」可以透過實踐持久、明智、導向準確的努力來獲得。

❤人是大自然一切規律、力量和現象的縮影。電話、照相機、飛機、打字機，全都在人複雜的特性和構造中各有其代表。「人類最偉大的研究是對人的研究」這句話依然是對的。

❤就其本性而言，人是雙重的，亦即：精神與身體。把精神拿掉，就只剩下一塊毫無生氣的世俗物質。人的精神有其明確的作用規律和彰顯規律。對這些規律的研究，被稱作「心理學」（Psychology）。

❤Psycho 的意思是「靈魂」，ology 的意思是「資訊」、」哲學」或「規律」。因此，心理學是靈魂的科學。

❤對統領這門科學的規律的實際應用，將讓你能夠找到解決生活中任何問題的辦法，並因此把自己從不幸的經歷中拯救出來。

❤當我們說一個人把全部「精神」都投入到工作中時，我們的意思是：他讓自己的「精神」引導他正在做的工作。所有工作，所有技藝——實際上就是生活中的所有事務——都必須有「靈魂」在其中，這樣才能成功。靈魂和精神實際上是同義詞，控制著它們的規律，就像數學定律一樣明確，一樣肯定，其結果一樣毫釐不差。

❤一個沒有地理知識、沒有羅盤的人，要尋找一個異邦的國家或城市會非常困難。但擁有了地理知識、羅盤以及旅行的必要手段，他就能輕而易舉地找到這樣的目的地。

❤擁有了心理學的知識，你就是一個認識生活之路的人，你所跨出的每一步，都是朝著正確的方向。因此你就可以避免時間和金錢的損失，並控制你在生活中將要遭遇的境況和經歷。

❤普遍規律總是一成不變的，拿傳宗接代來說，每一代總是按照它自己的種類生產出來的。在身體層面是這樣，在精神的層面也是這樣。你的精神，是普遍精神透過人的形態的延伸和彰顯。你是無窮心智的一個分支，就像一根嫩枝是一棵樹或一根藤的成員一樣，這二者，意義並無不同，性質也是一樣。

❤人不僅僅是人。一切「神性自我」的可能性都在等待透過你來展開，就像尚未綻放的玫瑰，在深冬時節沉睡在植物的體內，在夏季，借助這種灌木的智慧，透過生長和努力，在枝頭含苞怒放。玫瑰樹以及所有開花植物的智慧，在寂靜中夢想繁花盛開。開花是它的光榮，瞧呀！植物中的精神，把夢想的實現展示在它的成熟表達中。

❤人也是這樣渴望成功，渴望力量，渴望光榮——這些是他與「神性存在」合而爲一的明證。這些渴望是一種「饑渴」：一旦他開始理解那支配著他的「普遍規律」，就要滿足這樣的饑渴。

❤那些失敗的人正步行在黑暗或無常之中。他們接觸不到光，也接觸不到「普遍規律」的指引。他們正在實踐個人自我的意志，而不是「神性自我」的意志。他們至今尚未獲得讓他們得以自由的知識。

❤舊的心理學必須成爲過去。「看哪！我將一切都更新了。」④一種新的心理學正在出現。

❤「不應該讓一個人播種卻讓另一個人收穫。獅子與羔羊不應該一起餵養。不要再有哭喊和流淚。不要再有死亡。彎彎曲曲的地方要改爲正直，高的地方要改低，低的地方要增高，沙漠要像花園那樣鮮花盛開。別再有黑夜，別再有任何讓人害怕的東西。」⑤

註解

①這一非常著名的引語出自詹姆斯・艾倫。譯者注：此語出自《舊約・箴言》第二三章七節，詹姆斯・艾倫寫過一篇著名的文章，以這句話的前半句作為標題。

②《新約・馬太福音》第六章二一節。句話的前半句作為標題。

③《舊約・箴言》第十八章十六節。

④《新約・啟示錄》第二一章五節。

⑤這段話很可能出自《以賽亞書》。它不是精確引用，但有些部分是直接出自該書，比如「彎彎曲曲的地方要改為正直」。（《以賽亞書》第四十章第四節。譯者注：《新約・路加福音》第三章第五節也有同樣的話）哈奈爾在其他著作中曾多次引用《以賽亞書》。

第二課：你也能擁有一切

心想事成

我堅信，心想事成，
想法被賦予了軀體、呼吸和翅膀；
我們放飛自己的想法，讓它們
用結果去填充世界，或好或壞。
我們召喚內心隱祕的想法，
讓它飛向地球上最遙遠的地方，

一路留下它的祝福，或者哀傷，
就像它身後留下的足跡一行行。
我們建構自己的未來，一個想法接一個想法，
我們並不知道，結果是好還是壞。
然而，宇宙就是這樣形成的。
想法，是命運的另一個名字；
選擇吧，然後等待命運的安排，
因為恨會產生恨，愛會帶來愛。

——亨利・范・代克

❤富裕，是宇宙的自然法則。這一法則的證據是決定性的，我們在每一隻手上都能看到它。無論何處，大自然都是慷慨的、浪費的、奢侈的。在任何被造物中，沒有哪個地方可以觀察到節約。難以數計的綠樹繁花、植物動物，以及創造與再創造的過程賴以永恆繼續的龐大繁殖系統，所有這一切都顯示出了大自然爲人類準備環境時的浪費。

❤大自然為每個人準備了豐富的供應，這一點很明顯，但是，許多人看上去似乎無緣於這種供應，這一點也同樣明顯，他們至今沒有認識到一切物質的普遍性，沒有認識到心智是引發動因的有效要素，憑藉這種運動，我們跟自己所渴望的東西建立起聯繫。

❤要控制環境，就需要瞭解心智作用的某些科學法則。這樣的知識是最有價值的資產。它可以被逐步獲得，一旦掌握就可以付諸實踐。控制環境的力量，就是它的果實之一；健康、和諧與繁榮，是它的資產負債表上的進項。它所需要的代價，僅僅是收穫其龐大資源時所付出的勞動。

❤一切財富都是力量的產物；只有當財富能夠賦予力量的時候，擁有財富才是有價值的。只有當事件能作用於力量的時候，它們才是有意義的。一切事物都代表著某種形態、某種程度的力量。

❤發現並統治這種力量、使之能服務於一切人類努力的規律，標誌著人類進步的一個重要紀元。它是迷信與智慧的分界線；它排除了人的生命中反覆無常的因素，而代之以絕對的、不可改變的普遍法則。

❤認識了控制著蒸氣、電流、化學融合力與地心引力的因果規律，使得人們能夠大膽地計劃、勇敢地執行。這些規律被稱爲「自然法則」，因爲它們控制著物理世界。但是，並非所有力量都是物理力量，還有精神力量、道德力量和靈魂力量。

❤思想是至關重要的力量，在最近半個世紀裡才得以揭示，並產生出了如此驚人的結果，它所創造的世界，對於五十年前（甚或二五年前）的人來說是絕對不可想像的。既然我們在五十年的時間裡透過組建這些精神發電廠從而獲得了這樣的結果，那麼，在接下來的五十年裡，還有什麼是我們不能期望的呢？

❤有些人會說，如果這些法則是眞的，那我們爲什麼不認證它們呢？既然這些基本法則明顯是正確的，那我們爲什麼沒有得到正確的結果呢？我們正是這樣做的，我們得到的結果完全符合我們理解規律、應用規律的能力。在有人總結出控制電流的規律並告訴我們如何應用之前，我們不會從這些規律中得到任何結果。

❤這使得我們跟環境建立起了一種全新的關係，揭示出了我們在此之前做夢也想不到的各種可能性，這些是透過一系列井然有序的規律而引發的，而這些規律，必然與我們新的精神姿態有著密切的關係。

❤因此很清楚地，豐裕富足的思想只會對類似的思想做出反應。人的財富與他的內在相一致。內在的富足是外在富足的祕密，它吸引著外在財富來到你身邊。

❤生產能力是個體眞正的財富之源。因此，一個人如果在他所著手進行的工作中投入全部的身心，那麼他的成功是沒有止境的。他會不斷地付出、給予；他付出的越多，收穫的也就越多。

❤思想是借助引力法則運行的一種能量，它的最終展現，便是人們生活中的豐裕富足。

❤一切力量，正如一切軟弱一樣，皆源於內在。一切成功，正如一切失敗一樣，其祕密也同樣來自人的內心。一切成長都是內心的展開。萬物皆然，顯而易見。每一株植物，每一隻動物，每一個人，都是這一偉大法則的活生生的見證。往昔的錯誤，就在於人們總是從外在世界中尋找力量或能量。

❤透徹理解遍及宇宙的這一偉大法則，會讓我們獲得能夠開發並拓展的創造性思考的心智狀態，而這種創造性思考，將給我們的生活帶來神奇的改變。

❤絕佳的機會將灑遍你的人生之路，正確利用這些機會的能力和悟性，將從你的內心中湧現，朋友將不請自來，環境將調整自己以配合你的需要。你會找到眞正的「無價之寶」。

❤智慧、能量、勇氣與和諧的環境，全都是力量的結果，而我們已經看到，一切力量皆來自內心；同樣地，每一種匱乏、局限或不利的環境，都是軟弱的結果，而軟弱只不過是無力而已；它來自虛幻，它本身什麼都不是——那麼，補救之道不過就是展現力量。

❤這就是許多人變失爲得、變懼爲勇、變絕望爲喜悅、變希望爲實現的關鍵奧義。

❤這看上去似乎太好了，以至於不像是眞的，但請記住：就在幾年之內，透過觸動一個按鈕或撐起一根槓桿，科學就已經把幾乎取之不盡的資源置於人類的控制之下。難道就不會存在另外一些包含更大可能性的法則嗎？

❤正如大自然中最強大的力量是看不見的無形力量一樣，人身上最強大的力量也是看不見的無形力量——他的精神力量，而彰顯精神力量的唯一方式，就是透過思考轉變的過程。思考是精神所擁有的唯一活動，思想是思考的唯一產物。

❤是故，增減盈虧，都不過是精神事務而已。推理，乃是精神的過程；觀念，乃是精神的孕育；問題，乃是精神的探照燈和邏輯學；而論辯與哲學，乃是精神的組織機體。

❤有想法，就會引發生命機體某種組織的物質反應，如大腦、神經、肌肉等。這就會引發機體組織結構中客觀的物質改變。所以，只須針對某一給定主題作出一定數量的思考，就能使人的身體組織發生徹底的改變。

❤這就是失敗演變為成功的過程。勇氣、力量、靈感、和諧，這些想法取代了原先的失敗、絕望、匱乏、限制與嘈雜的聲音，慢慢在心中生根，身體組織也隨之而發生改變，個體的生命將被新的亮光所照耀，舊事已經消亡，萬物煥然一新，你因此獲得了新生。這是一次精神的重生，生命因而有了新的意義，生命得以重塑，充滿了歡樂、信心、希望與活力。

❤你將看到成功的機遇，而在此之前的你是盲目的。你將發現新的可能，而在此之前這些可能對你毫無意義。你的身上充滿了成功的想法，並輻射到你周圍的人，他們反過來又會幫助你前進與攀升。你將吸引到新的、成功的合作夥伴，而這又會改變你的外在環境。所以，就是透過這樣簡單地發揮思想的作用，你不僅改變了自身，同時也改變了你的環境、際遇和外在條件。

❤你會看到，你必須看到，我們正處在嶄新一天的破曉時分。即將到來的各種可能，是如此美妙神奇，如此令人陶醉，如此廣闊無邊，以至於幾乎令你目眩神迷。一個世紀以前，一個人不要說有戰鬥機了，哪怕只有一把機關槍，也足以殲滅整整一支用當時的武器裝備起來的大軍。眼下也正是如此。任何人，只要認識到了現代哲學體系中所包含的可能性，都將獲得難以想像的優勢，從而卓冠群倫，傲視蒼生。

❤心智是創造性的，它透過引力法則得以運轉。我們不要試圖影響任何一個人去做我們認爲他應該做的事。每個個體都有權自己做出選擇，但除此之外，我們可以在強力法則下發揮作用，就其本性而言這是破壞性的，跟引力法則針鋒相對。

❤一點點反省就會讓你確信：所有偉大的自然規律，都是在默不作聲地產生作用，根本性的法則是引力法則。只有一些破壞性過程，比如地震和災變，才會使用強力。用這種方式永遠不會實現什麼好的結果。

❤要想成功，就必須始終把注意力放在創造性的層面上，它一定不能是競爭性的。你別想從任何人那裡拿走任何東西；你應該爲自己創造某個東西，而你自己希望得到的東西，你應該完全樂意讓人人都擁有它。

❤你知道，大可不必從某個人那裡拿走再給予另一個人，大自然爲所有人提供了豐富的資源。大自然的財富倉庫是無窮無盡的，如果有某個地方看上去似乎供應短缺，那僅僅是因爲分配的通道尙有缺陷。

❤富裕的獲得，正是依賴於對「富裕規律」的認知。心智不僅僅是創造者，而且是唯一的創造者。毫無疑問地，任何事物，都是在我們已知它可以被創造出來、並付出相應的努力之後，才被創造出來的。當今的世界，並沒有比以前多了「電」這種東西，只是當有人發現了電的規律，並使之服務於人以後，我們才從中受益。如今，人們瞭解了電的規律，全世界都被電所照亮。「富裕規律」也是如此，只有那些認識它、遵循它的人，才能分享它所帶來的好處。

❤對富裕規律的認知發展出了某些精神品質和道德品質，其中就包括勇氣、忠誠、機敏、睿智、個性與建設性。這些全都是思想的傾向，而所有思想都是創造性的，它們彰顯在與精神環境相一致的客觀環境中。這必然是正確的，因爲個體的思維能力，就是他作用於「普遍心智」並使之得以彰顯的能力。每一個想法都是因，而每一種境遇都是果。

❤這一原則賦予個體看上去不可思議的可能性，其中有一種可能性，就是透過機遇的創造與再創造來掌控個人的境遇。這種機遇的創造，意味著必不可少的品質或才能的存在或創造，而這些品質或才能就是思想的力量，它們導致了對決定未來事件的力量的認知。正是這種在心智內部對勝利或成功所進行的建構，這種對內在力量的認知，組成了能夠作出回應的和諧行動，據此，我們跟自己所尋求的對象和目標建立起了聯繫。這就是行動中的引力法則。這一法則，是所有人的共同財產，任何一個對其運轉擁有足夠知識的人，都可以加以運用。

❤勇氣，就是在對精神衝突的熱愛中所彰顯出來的心智力量；它是一種莊嚴而高貴的情操；它既適合發號施令，也同樣適合服從執行，兩者都需要勇氣。它常常有隱藏自己的傾向。也有一些男人和女人，表面上總是只做能讓別人高興的事，但是，當時機出現的時候，潛藏的東西就會顯露出來，我們在柔軟的手套下發現了鐵腕，我們沒有錯看它。眞正的勇氣，是冷靜、沉著和鎭定，絕不是有勇無謀、爭強好勝、脾氣暴躁或好辯善訟。

❤累積，是把我們不斷收到的供應部分地儲備和保存下來的能力，這樣我們就能夠利用更大的機會，而一旦我們做好了準備，這樣的機會就會出現。不是說「給他曾得到過的」（參閱《新約．馬太福音》第二十五章第二十九節）嗎？所有成功的商人都有這樣的特質，而且得到了很好的發展。已經去世的詹姆斯．希爾①留下了超過五千二百萬美元的財產，他說：「如果你想知道自己在生活中是注定成功還是注定失敗，你可以輕而易舉地得到答案。測試方法簡單易行，準確無誤：你能存錢嗎？如果不能，那就算了吧。你會失敗的。你或許會想：這不可能，但你一定會失敗，就像你活著一樣肯定。成功的種子不在你的身上。」就其本身而言，這個觀點很不錯，但讀過詹姆斯．J．希爾的傳記的人都知道，他是透過遵循我們已經給出的那些方法才賺到他的五千萬美元的。首先，他從一張白紙開始，不得不利用自己的想像力把他打算穿越西部大草原的龐大鐵路計畫予以理想化。然後，他必須認識富裕的規律，以便爲他實現這一計畫提供方法和手段；如果他不執行這一計畫，他絕不會有任何東西積存下來。

❤累積需要動力。你累積的越多，你的願望就越多，你的願望越多，你累積的就越多。就這樣，只需要很短的時間，作用與反作用就獲得了不可阻止的動力。然而，千萬不要把累積跟自私、貪婪或吝嗇混爲一談，這些全都是走邪路，會讓眞正的進步成爲不可能。

❤建構，是心智的創造性本能。不難看出，每一個成功的商人都必定有能力計劃、發展或建構。在商業界，它通常被稱作「創新精神」。沿著前人的老路走是遠遠不夠的。必須發展新的觀念，新的做事方式。創新精神表現在建構、設計、規劃、發明、發現和改進中。創新精神是最有價值的品質，必須不斷得到鼓勵和發展。每一個個體在某種程度上都擁有創新精神，因爲在那無限而永恆的能量中，他是一個意識中心，而萬物皆源於這種能量。

水❤呈現在三個層面上：冰、水和蒸氣，它們全都是同一種化合物，唯一不同的是溫度。但誰也不會試圖用冰去驅動引擎，把它變成蒸氣，它就很容易承擔這個任務。你的能量也是如此，如果你想運用於創造性層面，你首先就要用想像的火焰把冰融化，你得到的火越猛烈，融化的冰就越多，你的思想就變得越有力，而你實現自己的願望也就越容易。

❤睿智，就是感知自然法則並與之合作的能力。眞正的睿智在它敗壞墮落的時候也會避開欺詐與瞞騙；它是深刻洞察力的產物，而這樣的洞察力，讓你能夠深入事物的核心，懂得如何引發能夠創造成功條件的運動。

❤機敏，是商業成功中的一個非常微妙、同時也非常重要的因素。機敏跟直覺頗爲類似。要想擁有機敏，你必須有精細的感覺，必須憑直覺知道該說什麼、做什麼。要想機敏，你必須擁有同情心和理解力，理解力非常罕見，因爲所有人都能看、聽、感覺，但能夠「理解」的人卻少得可憐。機敏使你能夠預知即將發生的事情，並計算行動的後果。機敏讓我們能夠去感覺我們什麼時候擁有了身體上、精神上和道德上的清潔，因為在今天，這些都是成功所必須付出的代價。

❤忠誠，是把有力量、有品格的人聯結在一起的最強大的樞紐。任何人扯斷這樣的樞紐都不可能不受到懲罰。寧願斷臂也不肯賣友的人絕不會缺少朋友。那些默默地堅守、如果有必要甚至會堅守到死的人，除了得到信任與友誼的神殿之外，還會發現自己跟一股宇宙力量聯繫在一起，而只有這種力量才能吸引值得渴望的境遇。

❤個性，是展開我們所擁有的潛在可能性的力量，要特立獨行，要關注比賽的過程而不是比賽的結果。強者對那些自鳴得意地跑在自己身後的大批模仿者毫不在乎。他們不會滿足於僅僅領著一大群人，或者得到烏合之衆的歡呼喝采。這些只能取悅胸襟狹小之輩。有個性的人更自豪於內在力量的展開，而不是弱者的奴顏婢膝。

❤個性是眞正的內在力量，這一力量的發展及其作為結果的表達，使一個人能夠承擔起指引自己的前進步伐的責任，而不是跟在某個我行我素的領頭人之後亦步亦趨。

❤靈感，是海納百川的吸收技藝，是自我認識的藝術，是調整個體心智以適應普遍心智的藝術，是給萬力之源加上適當的機械裝置的藝術，是區分無形與有形的藝術，是成爲無窮智慧流動管道的藝術，是使完美形象化的藝術，是認識全能力量之無所不在的藝術。

❤眞誠，是一切幸福的必要條件。可以肯定地，認識眞誠，並自信地堅持眞誠，是一種滿足，其他任何東西都比不上。眞誠是最根本的眞實，是所有成功的商業關係或社會關係的先決條件。

❤每一次跟眞誠相左的行爲，不管是出於無知還是故意，都會削弱我們立足的根基，導致不和諧，以及不可避免的失敗與混亂，因爲：每一次正確行動，最卑微的心智也能準確地預知它的結果；而如果違反正確的原則，對於其所帶來的結果，就連最偉大、最深刻、最敏銳的心智，也會暈頭轉向，毫無概念。

那些在內心中確立了眞正成功的必備因素的人，也就確立了自信，奠定了勝利的基礎，唯一剩下的事情，就是時常採取這樣的步驟：讓重新喚醒的思想力量指引自己，並由此保持一切力量的不可思議的祕密。

❤我們的精神過程中，有意識的不到百分之十；另外百分之九十都是下意識的和無意識的。所以，僅僅依靠有意識的思想來產生結果的人，其有效性也不到百分之十。那些正在實現任何有價值的事情的人，都是能夠利用這一更大的精神財富倉庫的人。重大的眞實，正是隱藏在下意識心智的遼闊領地裡，也正是在這裡，思想找到了它的創造性力量，它的與目標相聯繫的力量，使不可見變爲可見的力量。

❤那些熟悉電學規律的人都懂得這樣的原理：電流必定總是從電壓高處流向低處，並因此能夠讓這種力量爲自己所用。那些不熟悉這一規律的人，便不會實現任何目標。統治精神世界的規律也是如此；有的人懂得：心智滲透萬物，無所不在、反應迅速；他們能夠利用這一規律，控制條件、境況與環境。不懂的人就沒法利用它，因爲他們對此一無所知。

❤這種知識所帶來的結果，原本就是大自然的恩賜。正是這一「眞理」讓人解除了束縛，不僅免於匱乏和局限，而且還免於悲痛、煩惱和憂慮。而且，這一法則並不因人而異，不管你過去的思考習慣如何、你曾走過的路怎樣，它都不會對你差別對待，認識到這些，難道還不令人驚嘆嗎？

註解

①詹姆斯・希爾（一八三八～一九一六）白手起家，締造了一個鐵路王國。一位記者詢問他成功的祕訣時，希爾先生答道：「工作，艱苦的工作，充滿智慧的工作，然後是更多的工

作。」除了他的鐵路之外，希爾還從事很多其他的生意：煤礦與鐵礦、航運、銀行與金融、農業及加工業。在他生命的晚期，希爾寫過一本書《進步的大路》，詳細闡述了他的經濟哲學。

第三課：大師的智慧

偉人或大師就像孤獨的高塔一樣矗立在永恆之城中。那些在自然環境之下的深處穿行的祕密通道，讓他們的思想能夠與更高的智慧相互交流，正是這種智慧，增強並控制著他們的思想。對此，那些在地面上終年工作的人做夢也不曾想到。①

——亨利．霍茲華斯．朗費羅

❤大師的智慧就在你的身體與靈魂之內，並讓這二者互相貫通。它就是我們每個人身上的「偉人」——也是「神人」。它在所有人類生命中都是一樣的，是我們熟悉地稱作「我是」的那種東西。

❤大師就是那個不受血、肉、魔鬼或諸如此類的東西控制或掌握的人。他不是臣民，而是統治者。他知道，而且知道自己知道；正是因爲這個，他才是自由的，才不被任何東西所控制。

❤當你達到了這個境地的時候，你就會穩紮穩打地控制與戰勝自己，用越來越多的知識武裝你的頭腦，你讓自己的臉朝向光，向前、向上移動。

❤規律變成了你的僕人，不再是你的主人。你說出你的思想或言辭，與眞理、意志及恰當的精神圖景相伴隨，你的言辭實現了它所訴諸的目標。

❤對尙未揭示的、隱藏不露的知識的渴求，應該達到「朝聞道，夕死可矣」的程度。陳規、舊習及名望的偶像，絕不允許它們成爲前進道路上的絆腳石或障礙。每一個攀上制高點的人，都不得不到達這樣一個位置：在這裡，他勇於挑戰客觀世界的思想、判斷和理由。

❤有這樣一個故事：一個學生拜一位智者爲師。這位智者似乎對自己幫助弟子進步的工作不感興趣、粗心大意。弟子對智者抱怨自己沒學到什麼東西。智者說：「很好，年輕人。跟我來。」他領著弟子翻過了山崗，越過了河谷與田野，來到湖邊，進入深深的水裡。然後，智者把弟子按在水下，緊緊抓住他，直到這個年輕人的全部渴望都集中為一個至關重要的渴望——對空氣的渴望。黃金、財富、榮譽、地位及名聲，對他來說全都不再重要了。最後，當他快要溺死的時候，智者才把他拉出了水面，說：「年輕人，當你在水裡的時候，你最想要的東西是什麼？」年輕人說：「空氣，空氣，空氣。」接著，他的老師說：「當你渴望智慧就像你渴望空氣一樣迫切的時候，你就會得到它。」

❤因此，強烈的渴望是獲得「大師智慧」的首要條件。那些曾在這個世界上留下痕跡的人，那些攀上過高峰的人，就是那些曾強烈地、連續不斷地渴望過的人。那些願望很微弱的人，除非他們在渴望上變得強烈、變得熱切，否則絕不可能到達制高點或高峰。

❤化學品之間的吸引與排斥完全是智慧和極性的問題，或者，我們可以說，是愛與恨的問題。正是如此，心智既可以是吸引成功的磁極，也可以是吸引失敗的磁極。你的心智，以一種與你操縱自己意識的方式相一致的方式，變成了金錢磁體。當它成為一塊金錢磁體的時候，每一筆交易明顯會帶來利益。

❤一個人的商業價值，取決於他的內在價值，以及他把自己的內在價值帶入外部意識和行動的效率。換句話說，正是內部的黃金吸引了外部的黃金，正是內部的價值吸引了外部的價值。一個有財富意識和價值意識的人，加上同等的知識，總會找到自己的一席之地。

❤有人曾說：「心智對軀體的主宰是至高無上的，在一定時間內，它可以讓肉體和神經變得堅不可摧，讓肌肉像鋼鐵一樣強大，弱者就這樣成了強人。因爲，控制得當的心智，會按照其本來面目去看待所有事物，按照其本來價值去評價所有事物，利用其自身的優勢，堅定不移地堅持自己的觀點，因爲他知道這些觀點的力量和份量。」②

❤存在這樣的規律：如果違反它們，就會讓心智變弱，或者阻礙它的發展，反之，則會導致強有力的心智。實踐並遵守這些規律，就會防止心智的軟弱，發展並表達出被公認爲力量的心智品質。

❤別讓任何人主宰你的心智！很多人害怕表達他們自己思想的眞知卓見，因爲朋友、鄰居或親屬也許會不同意，或者不贊成。這就是遏制或壓抑，任何東西在壓制之下都不可能生長得強大或強壯。表達是生長的法則。

❤那些阻止你思考的膽小怯懦，總是沿著思想的警戒線，使心智變得愚蠢笨拙，阻撓它被賦予力量。長時期搖擺於兩種意見之間，會阻止有利心智的發展。

❤要勇於成爲一個思想領域的探索者。要勇於深刻地、透徹地思考。這樣的勇氣，就像肌肉一樣，使用得越多就變得越強壯。

❤偉大潛藏於無數男人女人的胸臆，因爲缺乏主動，而沒有誕生下來，沒有表達出來。主動性的缺乏，要歸因於畏懼。畏懼，要歸因於他相信存在這樣兩種力量：善的力量和惡的力量。那些讓偉大潛藏於自己靈魂的胸懷中而不讓它出生的人，更相信惡的力量，而不是善的力量，因爲這樣的畏懼，他不敢冒險去聽從靈魂的召喚並因此獲得勝利者和征服者的桂冠。

❤在放棄行動的過程中，他已經因爲不敢行動而被戰勝了。在這個意義上，畏懼是最大的惡魔，是一切貧窮、不幸、疾病和犯罪的基礎與根源。

要讓任何人都覺得並且相信：他絕不會缺乏任何好東西，他正走在通向興旺的路上。

❤科學家們已經發現：所謂的物質絕不可能被消滅。它的形態可以被改變，它可以被消滅爲看不見的東西，但是，它依然存在。

❤如果所有可燃的物質都被焚燒殆盡，我們這顆星球的重量跟以前也完全一樣，這證明了沒有什麼東西能夠被消滅。③

❤形態被改變了，但物質依然以其他形態存在。

❤這本身就是證據，它證明了：物質是永恆的、不可毀滅的。如果大量看得見的物質能夠飄浮在大氣中，並透過火的分解力而變成看不見的東西，那麼我們應該知道下面的說法也同樣正確：看不見的東西也能變成看得見的東西。

❤那些能夠更深遠地思考，足以深入到關於電力及其他非物質力量的、尚未被發現的知識與規律領域的人，會成為發明家和發現者，他們的名字將被寫入「名人堂」中。

❤這樣的人必定免於畏懼，他們絕不會因為奚落和嘲弄而動搖或改變方向，他們保持自己的精神專注並集中於一個目標上。這樣的人勇往直前，不斷進取，不在乎別人會怎麼想、怎麼說。

❤這就是主動，正是主動導致理想變成現實。相信一切皆有可能的人，對他來說一切都是可能的。一個有這種堅定信念的人，正走在大師之路上。靈感之光照亮他腳下的道路，引導著他的每一步，把他從陷阱與絆腳石中解救出來，帶領他從勝利走向勝利。

❤每一個成年人幾乎都經歷過下面這個事實的不同現象和體驗：在他的身上存在

這樣一種心智，它知道並揭示出那些遠遠超出心智的道德方面和智力層面的可能性的事實與事件。這些現象的出現，其形式可能是「細微的聲音」，或者是生動逼眞的、預言性質的夢幻。

❤很多次，它僅僅是作爲一種印象或感覺出現的，在那些成功的商人身上尤其如此，這些人的行動，所依據的總是內在的聲音或印象，而不是依據外部層面的表象或判斷，不管這些判斷對理性的頭腦來說是多麼令人滿意。

❤這些經歷就是內在的聲音，它顯示出更高的知識和智慧開始從某個神祕的來源進入顯意識心智當中。正是同樣的心智，透過古往今來的所有大師在說話。

❤這個聲音和這些現象，來自意識的第三層面。它有時候被稱作「第六感」。在新心理學中，它被稱爲「超意識」或「超心智」。這個「超心智」知道你的危險，並保護你。這種保護通常是無法解釋的。

❤這一「超心智」還知道綠色的草地和靜止的水，勾畫出富足與和平的輪廓。它引領那個反應靈敏的學生，他默不作聲地傾聽著它的智慧，並因此獲得了機遇，如果沒有這位顧問和嚮導，他就會被危險和徒勞無功的努力與冒險所戰勝。

❤以色列國王中最偉大的財政專家所羅門，將自己的超意識與外在意識聯繫了起來，並有效地彰顯在自己私人的、君主的、財政的事務中，所以他就成了以色列王室中最富有、最顯赫的國王。

❤有時候，所有其他活動或前進的途徑都對我們關閉了，於是我們走上了這條唯一開放的通道並獲得了成功，如果我們已經從寂靜的聲音中聽懂了某種東西的話，成功的到來或許要早很多。

❤當你與超意識心智之間建立起了聯繫的時候，你也就與你的啓示者之間建立起了聯繫，這位啓示者以靜默不語的方式讓你知道所有出現在你面前的人的內心和意圖。「披著羊皮的狼」，扮成天使的惡魔，以及裝成溫馴小狗的狐狸，全都在你面前原形畢露，足以讓你警惕起來，加強戒備。

❤這個無所不知的心智眞正成了顧問、辯護者和嚮導。這一內在的聲音，或稱直覺，將會明智地引導你。它還會在每一次必要的時候警告你，並爲你找到一條逃生之路。

❤爲了應付這一可能發生的情況，重要的是你應該有孤獨、平靜或沈默的時候，在此期間不要讓任何東西擾亂你。

❤每一塊肌肉都要放鬆，把心思從所有外在事件中收回，完全採取接納的姿態，這樣，超心智就會顯現出來，並啓動、點亮、澄清顯意識心智的外部層面。

❤最好的作法是每天拿出一點時間用於這樣的靜默。你可能還有其他的靜默時刻，比如在書桌前、客廳裡或者在乘坐公共汽車的那幾分鐘。

❤在這樣的靜默中如果沒有什麼令人驚奇的事情發生，請千萬不要灰心喪氣。這些令人驚奇的事情通常是發生在靜默之後，而不是靜默之中。

❤自己不要想任何東西，而是讓那個無窮的心智去透過你思考，並爲你而思考。

❤起初，當想法開始出現的時候，它們或許不是非常清晰或非常正確。你僅僅需要傾聽。當思緒流動的時候，它會澄清自己，不用太久，你就會接收到將對你的生活和工作大有幫助的智慧。

❤即使你似乎根本沒有接收到任何顯意識的思考，你也可以確定它被記錄在潛意識當中，在需要它的時候，它就會出現在顯意識心智裡。

❤在靜默中，你會被照亮、被啓發，在生活的道路上不再是個實驗者或投機者。

❤在靜默中，你的經驗會帶有這樣的品格：它關乎到你的發展與展開。有的人會捕捉到豐富的思想和計畫，有的人會有一種感覺或衝動，使得他們去做（或不做）他們所思考的事情。

❤靜默的理念和意圖，就是要跟偉大的智慧倉庫建立起聯繫——裡面裝有符合你的特殊需要的磁振動，就跟蓄電池蓄電一樣。因此，當你在智慧、活力或機敏方面尚不高明的時候，那麼，就進入靜默狀態給自己充電吧。

❤這是在給自己充載力量，這樣你就可以帶著供應充足的能量重新回到事務世界中。因此，它讓你能夠乘勝前進。

❤只有少數人找到了眞正帶領他們走向神聖境界的道路。它是一條不爲人知的祕密小路。它的入口被遮掩。那些粗心大意、不思進取、注意力不集中的人，從它的旁邊漫不經心地走過，毫無覺察。那些實行靜默的人會發現它的入口。他們會到達自己的目標。

❤一片剃刀刀片因爲它極其鋒利的邊緣而有了穿透力。在從物質的分子之間穿過時，它只遇到了很小的阻力。注意力集中的頭腦，也是尖銳、鋒利、有穿透力的頭腦，它能找到穿透難題的路；它因此分化、瓦解了表面上看來不可能的事情。

❤許多身陷困惑的生意人，藉由每天拿出片刻的時間對自己在生意中的位置進行沉思默想，從而轉敗爲勝。這實現了兩個目的：讓他跟「普遍規律」同步進行，讓引力法則得以運轉，這發揮了磁鐵的作用，其方式跟花蜜吸引蜜蜂的方式並無不同。

❤靜默，是學習大師智慧的大學。正是在這裡，所有智者接收了他們的智慧。也正是在這裡，最偉大的教師指導著信徒們。

❤眞正的靜默，讓隱藏的光榮彰顯出來，就像百合的光榮一樣，藏在它的蓓蕾裡，被花蕾的綻放帶了出來。隱藏在人身上的智慧和力量也是這樣，透過自信和對靜默的運用，它們被帶入了表達——或者說是開花。這是眞正的教育。教育這個詞，源自拉丁文educio，它的意思就是「從內部拽出來」。

❤如果你把靜默變成一種享受，就像跟一位非常要好的朋友聊天一樣，那麼你就會更快地得到結果。

❤態度應該是熱切的渴望、關切和決心。要實現最大的結果，先要確定你最大的渴望。然後，把注意力集中在這個渴望上。斷定它是可以實現的。

❤斷定天與地將助你一臂之力。

❤要知道，你不是獨自一人，還有內在的心智與你一起工作，監視著你，指導你的想法、決定與行動。

❤放鬆每一塊肌肉，平靜下來，想像那無窮無盡的資源任由你支配。

偉大的領袖只有很少的密友。他們知道，偉大的想法，偉大的行動，以及偉大的功績，都是在靜默中誕生。

註解

①出自亨利·霍茲華斯·朗費羅的長篇小說《卡文諾》（Kavanaugh）的起始段落。

②這段話的前一句出自斯陀托人的《湯姆叔叔的小屋》。譯者注：後一句出自拉羅希福科的《沉思錄》。

③這是一個物理定律，即質量守恆定律，它聲稱：物質既不能被創造，也不能被消滅。

第四課：改變自我的力量

如何控制思考方法以滿足一個人的願望，這個問題對那些不熟悉真正的精神訓練的人來說，並不像看上去那麼難。一個人可以改變自己，改進自己，重新創造自己，控制自己的外在環境，掌握自己的命運，這一點，是每一個完全意識到了正確思考在建設性行動中的力量的人所得出的結論。

——拉森

❤神經系統是物質，它的能量則是心智。因此它是「普遍心智」的手段。它是物質與精神之間的樞紐，是我們的意識與「宇宙意識」之間的樞紐。它是「無窮力量」的門戶。

❤腦脊髓神經系統與交感神經系統，都有種類相同的神經能量控制，這兩個系統互相交織，以至於對它們的刺激會互相傳遞給對方。身體的每一活動，神經系統的每一刺激，我們的每一個想法，都要消耗神經能量。

❤神經系統跟心智的關係，就像鋼琴跟它的演奏者的關係一樣。心智只有當它賴以發揮作用的工具正確的時候才能完成表達。

❤腦脊髓神經系統的器官是大腦，交感神經系統的器官是腹腔神經叢。前者是自覺的或有意識的，後者是不自覺的或下意識的。

❤正是透過腦脊髓神經系統和大腦，我們才意識到了自己所擁有的，因此，一切擁有皆源於意識。小孩子未曾發育的意識，或者是傻瓜與生俱來的意識，都不能「意識」到擁有。

❤這種精神環境——意識——隨著我們所獲取知識的增加而不斷改善。知識是透過觀察、經驗和反思而獲得的。

❤我們開始意識到心智所擁有的這些，所以我們承認：擁有是建立在意識的基礎之上，我們把這種意識叫做「內在世界」。我們所獲得的那些有形的擁有，則屬於

「外在環境」。

❤擁有內在世界的是心智。讓我們能夠在外在環境獲得擁有的，也是心智。心智透過思想、精神圖景和行動來彰顯自己。因此思想是創造性的。

❤我們利用思想去創造條件、環境及其他生活經歷的能力，取決於我們的思考習慣。

❤我們做什麼，取決於我們是什麼；而我們是什麼，則取決於我們習慣性地想什麼。在我們「做」什麼之前，我們首先必須「是」什麼；而在我們「是」什麼之前，我們必須控制並引導我們內在的思考力量。

❤思想就是力量。宇宙中只有兩樣東西：力量與形態。當我們認識到我們擁有這種「創造力」、能控制和引導它並透過它作用於客觀世界的力量與形態的時候，我們也就完成了我們在精神化學中的第一項實驗。

❤普遍心智是一切力量與形態的「實質」，是作爲萬物之基礎的「本體」。與固定的規律相一致，「萬物」源於自身，並被自身所創造和維持。這就是得到完美表達的創造性的思想力量。

❤普遍心智是無所不知、無所不能、無所不在的。在它出現的每一個地方，它本質上都是一樣的，所有心智都是同一個心智。這解釋了宇宙的秩序與和諧。深刻領悟這一陳述，就是擁有了理解並解決生活中所有問題的能力。

❤心智有雙重的表達——顯意識的（或客觀的）與潛意識的（或主觀的）。我們透過客觀心智與外在環境建立聯繫，透過主觀心智與內在世界建立聯繫。

❤儘管我們正在把顯意識心智與潛意識心智區別開來，但這種區分事實上並不存在，這樣處理只不過是爲了方便而已。一切心智都是同一個心智；在精神生活的所有層面上，都存在不可分割的統一與完整。

❤潛意識把我們跟普遍心智聯繫起來，我們就這樣跟所有力量建立起了直接的關係。潛意識中所儲存的，是我們透過顯意識所得到的對生活的觀察和體驗。它是一個記憶的倉庫。

❤潛意識是一張巨大的溫床，思想就落在這張溫床裡，或者是透過觀察而得出的經驗，或者是偶然事件所播下的種子，然後，它們帶著自己成長的果實再一次進入我們的意識。

❤意識是內在的，而思想則是力量的外在表達。二者是不可分割的，想都不想一件東西而就能意識到它的存在，那是不可能的。

❤如果兩根電線靠得很近，而且第一根電線攜帶的電負荷比第二根電線更大，那麼，第二根電線就會透過感應而從第一根電線接受部分電流。這一現象可以用來具體地說明人類對普遍心智的姿態。他們並沒有有意識地跟這一力量之源建立起聯繫。

❤如果讓第二根電線接觸第一根電線，它就會盡其所能地負載更多的電流。當我們意識到力量的時候，我們就成了一根「生命的電線」，因爲意識讓我們跟力量之間建立起了聯繫。隨著我們利用力量的能力的增長，我們就越發能夠應對生活中的各種境遇。

❤普遍心智是一切力量、一切形態之源。我們是這一力量賴以彰顯的通道；因此，在我們的內心，有著無限的力量、無限的可能，它們全都受到我們自己的思想的控制。因爲我們擁有這些力量，因爲我們與普遍心智息息相通，所以我們可以調整或控制我們可能會遭遇的每一種經歷。

❤對於普遍心智而言，不存在任何限制，因此，我們對自己跟普遍心智合而爲一這一點認識得越充分，我們所意識到的限制或匱乏就越少，所意識到的力量就越多。

❤出現在任何地方的普遍心智都是一樣的，不管是出現在無窮大中，還是出現在無窮小中。其相應彰顯出來的力量的不同，完全在於表達的能力。

❤一塊黏土和一塊相同重量的炸藥，包含了同樣多的能量。但後者身上的能量很容易被釋放，而前者身上的能量，我們至今尚沒有學會如何釋放它。

❤爲了表達，我們必須在我們的意識裡創造相應的條件。不是悄無聲息地，就是透過重複，我們把這一條件烙印在潛意識裡。

❤意識領會、思想彰顯我們所渴望的條件。我們的生活條件和環境條件，只不過是我們的主導思想的反映。所以，正確思考的重要性怎麼估價都不過分。「有目而不視，有耳而不聽，都讓我們不能去理解。」換句話說：沒有意識，就沒法去理解。

❤思想，如果得到建設性的利用，就會在潛意識中創造出一些傾向，這些傾向又把自己彰顯爲性格。性格這個詞，其原義是「刻痕」，比如在封印上；它現在的意思是：由天性或習慣在一個人身上留下的特殊品質，它把一個擁有這種性格的人跟所有其他人區別開來。

❤性格有外向表達和內向表達。內向表達是意圖，外向表達是能力。

❤意圖，把心智引向要實現的理想，要完成的目標，或者要實現的願望。意圖賦予思想以品質。

❤能力，就是與全能力量合作的能力——儘管這可能是不知不覺地完成的。

❤我們的意圖和我們的能力，決定了我們的生活經歷。重要的是，意圖和能力需要平衡。當前者大於後者的時候，「夢想家」就誕生了；當能力大於意圖的時候，結果就是急躁，會產生很多徒勞無益的行動。

❤根據引力法則，我們的經歷取決於我們的精神姿態。精神姿態是性格的結果，而性格也同樣是精神姿態的結果。彼此互爲作用與反作用。

❤在每一次經歷的背後，看上去似乎都有「機遇」、「厄運」、「幸運」與「天命」在盲目地發揮著影響。事實並不是這樣，而是，每次經歷都由永恆不變的規律所控制，可以控制到產生我們所渴望的條件的程度。

❤每一種成功的商業關係或社會地位，奠定其基礎的基本原則，都是要認識到內在環境與外在環境的差別，客觀世界與主觀世界的差別。

❤外在環境圍繞著你旋轉，你是它的中心。物質，有組織的生命，人民，思想，聲音、光及其他振動，以及包羅萬象的宇宙本身，都向你發出振動，光、聲音與觸覺的振動，喧囂與柔和的振動，愛與恨的振動，思想的振動，好與壞的振動，智與不智的振動，眞與不眞的振動。這些振動都指向你——你的自我——最小的與最大的，最遠的與最近的。它們很少能抵達你的內在世界，大多都匆匆而過，驀然回首，蹤跡已杳。

❤其中有些振動對你的健康、你的力量、你的成功、你的幸福來說，是不可或缺的。怎麼讓它們溜掉了呢？怎麼沒把它們接收進你的內在世界裡呢？

❤把意識看作是一個變項，我們就可以說，意識是外在環境作用於內在世界的結果。它連續不斷地在發生，不管我們是清醒還是沉睡。意識是感覺或知覺的結果。

❤我們很容易認識到意識的三個層面，它們互相之間存在著巨大的差異。

〔一〕**簡單意識**：這是所有動物共同擁有的。它就是存在感，透過這種意識，我們認識到「我是誰」，以及「我在什麼地方」；透過這種意識，我們感知形形色色的物件，以及五花八門的場景和狀況。

〔二〕**自我意識**：這是所有人類（除了嬰兒及智力殘障者）共同擁有的。它賦予了我們自省的能力，亦即外在環境對我們內部世界所發揮的作用——「自省的自我」。作爲其衆多的結果之一，語言就這樣產生了，每個單詞都是代表一種思想或觀念的符號。

〔三〕**宇宙意識：**意識的這一形態高於自我意識之上，就像自我意識高於簡單意識之上一樣。它不同於前兩種意識，就像視覺不同於聽覺或觸覺一樣。盲人不可能對色彩有什麼眞正的概念，然而，他的聽覺卻很敏銳，或者觸覺很敏感。

❤一個人既不能憑藉簡單意識也不能憑藉自我意識得到關於宇宙意識的任何概念。宇宙意識跟前兩者都不一樣，其差別甚至超過視覺與聽覺的差別。一個聾人絕不可能借助他的視覺或觸覺來欣賞音樂。

❤宇宙意識是意識的一切形態。它傲然凌駕於時間和空間之上，因爲它遠離身體和物質世界，對它而言，這些都不存在。

❤不可改變的意識法則是：意識發展到了什麼樣的程度，主觀力量也就發展到了什麼樣的程度，其結果彰顯在客觀對象中。

❤宇宙意識是創造必要條件的結果，所以，普遍心智可以按照人們的願望發揮作用。一切與「自我」的幸福相和諧的振動都可以被捕獲、被利用。

❤當眞理直接被我們所理解，或者無需通常的推理或觀察過程就成了意識的一部分，它就是直覺。憑藉直覺，心智立即可以感知到兩種想法之間是一致還是不一致。「自我」總是這樣認識眞理。

透過直覺，心智把知識轉變爲智慧，把經驗轉變爲成功，並把正在外在環境等待我們的事物帶入我們的內在世界。那麼，直覺就是那個把眞理作爲意識的事實呈現出來的普遍心智的另外一種狀態。

第五課：只有百分之二的人有創造天賦

我們把思考者分為兩類：一類是那些自己思考的人，另一類是透過別人思考的人。後者是慣例，前者是例外。第一類人是雙重意義上的原創思考者，以及自我主義者（就這個詞的高尚意義而言）。這個世界正是（也僅僅是）從他們那裡學習智慧。因為只有我們親手點燃的光亮才能照亮他人。

——叔本華

❤墨西哥所遺失的所有礦藏，從印度群島駛出的所有大商船，所有滿載金銀的傳說中的西班牙財寶船隊，跟現代商業理念每八小時創造的財富比起來，還不如一個乞丐的施捨有價值。

❤機遇緊跟著感覺，行動緊跟著靈感，成長緊跟著知識，環境緊跟著進步，總是先有精神，然後才轉化成品格與成就的無限可能性。

❤美國的進步要歸功於它百分之二的人口。換句話說，我們所有的鐵路，所有的電話，所有的汽車，所有的圖書館，所有的報紙，以及數不清的其他便利、舒適和必需品，都要歸功於其百分之二的人的創造天才。

❤自然而然的結果是，我們國家的百萬富翁同樣也只有百分之二。如今，誰是那些百萬富翁，那些創造性天才，那些有能力、有活力的人呢？我們從文明中所享受到的所有好處，又要歸功於誰？

❤他們當中有百分之三十的人是窮牧師的兒子，他們的父親每年賺的錢絕不會超過一千五百美元；百分之二十五的人是教師、醫生與鄉村律師的兒子；只有五％的人是銀行家的兒子。

❤因此，我們很想知道：爲什麼那百分之二的人成功地獲得了生活中最好的一切，而剩下百分之九十八的人卻依然貧乏？我們知道，這並不是機遇的問題，因爲正如我們所知道的那樣，宇宙是由規律控制的。規律控制著一切。那麼，我們難道不該肯定：它也控制著這些慷慨施捨的分配嗎？

❤金錢事務，恰如健康、成長、和諧及其他任何生活條件一樣必然、一樣肯定、一樣明確地受到規律的控制，這個規律是任何人都能遵從的。

❤許多人已經在不知不覺中遵從了這個規律，而另一些人則總是有意識地與之和諧相處。

❤服從規律，意味著你正在加入那個百分之二的行列；事實上，新紀元，黃金時代，產業解放，都意味著那個百分之二將要擴張，直至優勢狀況逆轉過來——百分之二很快變成百分之九十八。

❤在探尋眞理的同時，我們也在探尋著終極原因；我們知道，所有的人類經歷都是結果。因此，如果我們可以找出原因，而且，如果我們發現這個原因是我們可以有意識地加以控制的話，那麼，結果（或經歷）也就在我們的控制之內了。

❤於是，人類經歷不再是命運的橄欖球賽，人不會是運氣的孩子。劫數、命運和運氣，是可以不費力氣地控制的，就像船長控制他的船、火車司機控制他的火車一樣容易。

❤萬物最終都可以分解爲同樣的元素，而且，當它們可以這樣轉化的時候，它們必定互爲關聯，而不是彼此對立。

❤物質世界裡有著數不清的對立面，爲了方便稱呼起見，我們給這些對立面賦予了不同的名字。一切事物都有顏色、形狀、大小、兩端。有北極，也有南極；有內，也有外；有肉眼能夠看到的，也有看不到的。所有這些，都不過是對這些對立面的一種表達方式而已。

❤一件事物的兩個不同的方面，有它們各自的名稱。然而，這正反兩面是相互關聯的，它們不是獨立的實體，而是事物整體的兩個部分或兩個方面。

在精神世界中，我們發現了同樣的規律。我們說到「知識」和「無知」，但無知不過就是知識的匱乏，因而僅僅是表達「缺少知識」的一個詞而已，其本身並沒有任何準則。

❤在道德世界中，我們總是談論「善」與「惡」，但經過研究我們發現：善與惡只不過是兩個相關的術語。想法領先於行動並預先決定著行動。如果這一行動給自己和他人帶來好處，我們就稱這個結果爲善。如果這個結果對自己和他人不利，我們就稱之爲惡。因此我們發現，「善」與「惡」只不過是爲了說明我們行動的結果而造出來的兩個詞，而反過來，行動是我們想法的結果。

❤在產業的世界裡，我們總是說到「勞動」與「資本」，就好像存在兩個截然不同的類別似的。但是，資本是財富，而財富是勞動的產物，而勞動必然包括各行各業的勞動——身體的、精神的、管理的、專業的。每一個其全部收入或部分收入依賴於他在商界中所做出的努力的人，都必定被歸類為勞動者。因此我們發現，在產業的世界裡也只有一個法則，這就是勞動的法則，或產業法則。

❤有許多嚴肅認真的人都在試圖找到解決當前產業與社會混亂的方法，而且，我們也總是聽到人們談論產品、浪費與效率——有時候還有創造性思考。

❤人們認識到，和諧是一種隱約出現的新觀念，新時代的黎明即將到來，人類歷史上的新紀元將要發生。這樣的思想正迅速在人們的心裡傳播，正在改變著關於人及其與產業之間關係的成見。

❤我們知道，每一種境遇都是某個原因的結果，同樣的原因總是產生同樣的結果。那麼，是什麼給人類的思想帶來了類似的變化呢——比如：文藝復興、宗教改革和產業革命？始終是新知識的發現與討論。

❤透過把產業集中化為公司和企業托拉斯從而帶來了競爭的消除，以及隨之而來的經濟後果，這使得人們開始思考。

❤人們看到，對於進步來說競爭並不是必不可少的，他們詢問：「商界裡所發生的這一進展，其後果又會是什麼呢？」思想開始逐步呈現出來，它正迅速發芽，將要在所有地方的所有人的心智中噴發，使人們站立不穩，把每一種自私的觀念排擠出去，這種思想認為：商界的解放即將到來。

❤正是這種思想，在喚起人類前所未有的狂熱；正是這種思想，集中了力與能量，它將摧毀阻擋在它與它的目的之間的任何障礙。它不是對未來的想像，它不是對現在的想像，它就在門口——而門，已經打開。

❤個體身上的創造本能，就是他的精神天性；它是普遍創造原則的反映，因此是本能的、與生俱來的；它不能被根除，只會被濫用。

❤由於商界中所發生的變化，這種創造本能不再尋求表達。一個人再也不能建造自己的房子，再也不能修造自己的花園，他絕不可能指揮自己的勞動；他因此被剝奪了個體所能獲得的最大的快樂——創造的快樂、成就的快樂。所以這一偉大的力量被濫用了，被轉變為破壞性的通道；變成了嫉妒，這使他總是企圖毀滅那些更幸運的同伴的工作成果。

❤思想導致行動。如果我們希望改變行動的特性，我們就必須改變思想，而改變思想的唯一方式，就是用健康的精神姿態取代現有的混亂的精神狀況。

❤很明顯地，思想的力量是迄今爲止現存的最大力量；它控制著所有的其他力量，而這一知識直到最近才被少數人所擁有，它將成爲很多人的寶貴優勢。那些富有想像力、富有遠見的人將會看到把這一思想引導向建設性的、創造性的管道的機會；他們會鼓勵、培養冒險的精神；他們會喚醒、發展、引導創造性本能。在這樣的情形下，我們將很快看到世界從未經歷過的產業振興。

❤想法是運轉中的心智，正如心智是運轉中的大氣一樣。心智是精神的活動；事實上，它是精神上的人所擁有的唯一活動，而精神是宇宙的創造性法則。

❤因此，當我們思考的時候，我們便啓動了一系列的「因」；想法發表出來，並遇到了其他類似的想法；它們匯合在一起，形成了觀念。如今，觀念獨立於思考者而存在，它們是看不見的種子，存在於每一個地方，發芽生長，開花結果，帶來千百倍的收穫。

❤這導致我們相信——許多人似乎依然這樣認爲——「財富」是某種非常具體、非常切實的東西，我們可以獲得它、擁有它，爲我們所專用、所獨享。不知何故，我們忘記了：世界上所有的黃金，按人均計算，每人只有很少的一些分配而已。

❤然而，黃金僅僅是一個量度標準，一個準則。正如有了一根量尺，我們就可以度量成千上萬英尺；同樣，有了一張五美元的鈔票，數以億計的人就可以使用它，辦法只不過是從一個人的手裡傳到另一個人的手裡。

❤因此，我們只要能讓財富的符號（我們稱之爲「錢」）保持流通，每個人就能擁有他所想要的一切；任何需要都會得到滿足。只有當我們囤積的時候，當我們被擔心和恐慌所攫住而又不能鬆脫、不能放開的時候，匱乏的感覺才會出現。

❤很明顯地，我們要想從財富中得到什麼好處，唯一的辦法就是使用它，而要使用它，就必須散盡它，這樣其他人就會從中受益；然後，我們爲了互惠互利而互相合作，將富裕的法則付諸實踐。

❤我們還看到，財富並不像許多人所認爲的那樣是物質的、切實的，而是正好相反，獲得財富的唯一方式就是讓它保持流通；而一旦有任何協同行動使得這一交易媒介的流通有阻斷的危險的話，那麼就出現停滯、發燒，以及產業的死亡。

❤正是財富的這種不可捉摸的特性，使得它特別容易受到思想力量的影響，使得許多人能夠在一兩年的時間裡獲得其他人努力一輩子也別指望能夠獲得的財富。這要歸功於心智的創造性力量。

❤海倫．威爾曼斯①在《征服貧困》（The Conquest of Poverty）一書中對這一法則的實際運轉給出了一段有趣的描述：

人們幾乎普遍都在追求金錢。這種追求僅僅來自貪婪的天賦，它的運作被局限在商界的競爭領域。它是一種純粹的外部行動，其行為方式並不源自於對內在生命的認知，而內在生命有其更美好、更正義、更精神化的渴望。它只是獸性在人的領域的延伸，任何力量都不可能把它提升到人類如今正在接近的神性層面。

因為，這一層面上的所有提升都是精神成長的結果。這種提升，其正在做的，恰好就是基督所說的：我們為了富有而必須做的。它首先尋求的內心的天國，它只存在於這裡。在這個天國被發現之後，所有這些東西（外在的財富）都會接踵而至。

一個人的內心中，什麼可以稱之為天國呢？當我回答這個問題時，十個讀者當中沒有一個會相信我——絕大多數人對他們自己的內在財富完全缺乏認知。但儘管如此，我還是要回答這個問題，真心誠意地回答。

我們內心裡的天國，就存在於人類大腦裡的潛能當中，這種潛能的極大豐富是任何人做夢也想不到的。軟弱無力的人，其機體之內也潛藏著上帝的力量；這些力量一直封閉著，直到他學會了相信它們的存在，然後試圖展開它們。人們通常不喜歡反省，這就是他們為什麼不富有的原因。在他們對自己以及自己的力量的看法中，他們被貧窮所困；對自己所接觸到的每一事物，他們都要留下自己信仰的印記。

即使是一個打零工的人，如果有足夠長的時間審視自己的內心，他就能夠認識到：他所擁有的才智，完全可以被造就得跟他所效力的那個人一樣強大，一樣深遠；如果他認識到了這一點，並賦予它應得的意義，僅僅這樣，就足以解開他的鐐銬，讓他迎來更好的境遇。

透過認識自我，他應該知道：他跟自己的老闆在智力上是平等的，或者可以變得平等；但需要的並不只是這樣的認識。他還需要認識法則，並服從它的規定；換句話說，要想讓自己攀上更高的位置，還需要更高的認識。他必須認識到這一點，並信任它；因為，正是忠實而信賴地持守這一真理，他的生命才從身體上得以提升。雇員如果不是純粹的機器，任何地方的老闆都會為得到這樣的雇員而歡天喜地——他們希望有頭腦的人參與他們的經營，並樂意支付報酬。廉價的希望常常是最昂貴的，就本質意義而言也是利潤最少的。隨著雇員智力的不斷增長或者思考能力的不斷發展，對老闆來說，他的價值也就不斷增加；當雇員的能力發展到能夠獨立做事的時候，就會有尚沒有發展到這樣程度的人來取代他的位置。

一個人對自己內在潛力的逐步認識，就是內心的天國，它將被彰顯在外在環境裡，並建立在那些與之相關的環境中。

一幢精神陋室的設計方案，其本身就來自一椿看得見的陋室的精神，這種精神就表現在與其特徵相關的、看得見的外在環境中。

一座精神宮殿以與之相關的結果發送出一座看得見的宮殿的精神。同樣可以這樣說疾病與惡、健康與善。

註解

①海倫・威爾曼斯（一七八七～一八六二）是佛羅里達州的一位信仰療法師，他寫過很多關於「精神科學」的書，包括《精神科學教程》（Lessons in Mental Science）和《再生：一篇關於精神療法的實用論文》（Second Birth：A Practical Treatise on Mental Healing）。

第六課：做一個會創造的人

我們所擁有的跟外在世界某些表象有關的思想，其品質是最真實的東西。這是無可逃避的規律。自古以來，正是這一規律，引領人們相信特殊的天意。

——威廉斯

❤如果化學家不生產任何有價值的產品，不生產任何能換成現金的產品，我們根本就不會有興趣。幸運的是，我們這裡所說的這位化學家，他生產的商品是人類所有的已知商品中現金價值最高的。

❤他產生一種全世界都想要的東西，一種在任何地方、任何時間都能實現的東西：它可不是一筆呆滯資產；正好相反，它的價值在每個市場都被認可。

❤這個產品就是思想，統轄整個世界的思想，統轄現存的每個政府、每家銀行、每項產業、每個人以及每樣東西的思想。僅僅因爲思想，一切都將不同。

❤每個人都是因爲他思考問題的方式而成爲現在的樣子；人與人、民族與民族，之所以彼此不同，僅僅是因爲他們以不同的方式思考。那麼，思想又是什麼呢？思想是每個思想個體所擁有的化學實驗室的產品；它是盛開的繁花，是複合的智慧，是所有「先在思考過程」的結果；它是飽滿的碩果，包含著個體奉獻的所有果實中最好的果實。

❤關於思想，不存在任何物質的東西，然而也沒有人會爲了世界上的所有黃金而放棄自己的思考能力。因此思想比現存的任何東西都更有價值。既然它不是物質的，那它必定是精神的。

❤那麼，這就解釋了思想爲什麼有著令人驚奇的價值。思想是精神活動；事實上，它是精神所擁有的唯一活動。精神，是宇宙的創造性法則，因爲，部分與整體在種類與品質上必定是一樣的，差別只能在程度上，所以，思想必定也是創造性的。

❤古人覺得，每件雕刻品都是一種觀念或情感的具體化，都是根據這樣一個原則創作出來的：精神狀態與身體表達之間存在著完美的一致。

❤如今我們承認，精神狀態與人的身體狀況存在著直接的一致，而且知識一直是這樣被闡述的，以至於我們如今瞭解：每一種境況都是結果，而這一結果，是一個源於某個理念的原因的產物。

❤現代科學如今把注意力集中在這樣一個事實上：理念也是創造各種形式的財富以及財富分配的原因，經濟學因此被看作是處理財富及其在物質層面的表達之規律的科學。

❤在我們的生活中，最好要記住智力規則，記住：得到明智引導的建設性思考自動地導致它的客體具體化在客觀的層面上，因果率在一個被永恆規律所控制的世界上是至高無上的，正是心智（而且只有心智）能提供用以改善生活境遇的知識。正是心智，建造了每一幢房子，寫出了每一本書，畫出了每一幅圖畫。受苦與享樂的，也正是心智。因此，關於心智作用的知識對人類來說是頭等重要的。

❤人民正在開始思考，這一點已經很明顯。從前，每當人們不滿或不悅的時候就會聚集到附近的一家酒館裡，喝點小酒，很快就忘掉了他們的不滿和不快。在現在的條件下，情形已經大爲不同，人們會把時間花在閱讀、研究和思考上，他們思考得越多，他們所滿意的東西就越少。

❤我們必須記住：生活這宗大買賣，不應該按照經濟的方法來經營，除非我們成功地把我們的資源轉化成能夠用來發展出在身體、精神和道德上都是最高級別的人。

❤或許，如今我們能夠向一個人提出的最嚴肅的問題就是：「你會思考嗎？」檢驗一個人對社會是否有功效、是否有益，將集中在他使用心智的能力上。愛默生所發出的危險信號，最引人注目的莫過於他的呼喊：「當偉大的上帝把一個思想者釋放到這個星球上來的時候，可千萬要當心。」因此，每一位有自尊的個人，都必須抓住機會，掌握知識，激發心智。眞理總是讓人自由，眞理也總是只對善於思考的人才有用。

❤思考是一個創造過程，但善於結合才是關鍵。大自然把電子、原子、分子、細胞結合起來，最終結果就是宇宙。在人類的努力中，所有進步、發展和成就都是遵循從大自然中所學到的經驗教訓的結果，人類從原始的野蠻狀態一步一步上升到如今的主人位置，憑藉的就是把思想、事物和力量結合並關聯起來。

❤在科學與發明的領域，在藝術、文學與商業的領域，在人類活動的各個層面，透過把常見的、普通的、已知的事物結合起來，人們揭示並發現了罕見的、非凡的、未知的事物。人類取得了迅速的進步，儘管人類在尋找新的結合時，所採用的方法是無意識、無系統地使用的。為了排除偶然和機遇，必須有科學的方法，可以有意識地、系統地、徹底地、認真地、真誠地、連續不斷地加以應用，從而導致更大的成功，更奇妙的發現，更多、更驚人的發明。

❤人類的大腦是最精細、最有活力的媒介，因此它有控制萬物的力量。當我們沿著任何一條特殊的思路思考或集中注意力的時候，我們也就開啓了一系列的原因，如果我們的思考足夠集中，並持續不斷地保持在頭腦裡，那麼會發生什麼事呢？

❤能發生的只有一件事。無論我們有什麼樣的幻想，什麼樣的想像，這幅圖景都會被普遍規律所認可，透過我們肉身的細胞和外在環境表達出來，而這些細胞則把它們的呼聲發送到巨大的無形能量中，要求創造符合這幅圖景的物質存在。因此，與我們相關聯的境況，取決於無形能量透過人類頭腦的媒介所創造出來的東西。

❤思想會下意識地作用於身體或環境。《紐約時報》（The New York Times）曾在一篇文章中提到：

大腦的潛意識部分有很多值得注意的能力，其中有一些能力很早就為人所知，儘管說不出個所以然來，而另外一些，則隨著心理學家們的研究的繼續，正在陸續被發現，幾乎每天都有。有不少我們所熟悉的活動，都是只有在我們不再透過有意識的努力去做之後才真正完成了。技巧嫺熟的打字員根本不會去尋找按鍵，就好像那些鍵是她的手指頭一樣，鋼琴演奏者也是如此。一個摩托車駕駛者，如果要等到緊急情況出現的時候才去想該做什麼，對坐他的車的人來說，這樣的駕駛可是個危險角色；要想安全，他必須「自動地」做正確的事，人們總是這樣說，但如今，他的效率被歸功於他的潛意識所接受的訓練。

由於潛意識從不睡覺，從不忘卻，所以，它所接收的教導有著持續的影響。然而，這樣的教導為什麼不能像過去那樣，是直接的、故意的，而應該是間接的、無意的（或者至少是沒有被意識到的），這是沒什麼道理可講的。

在專家的指導下，任何人都可以開列一份清單，列出他能夠完全放心地託付給他的潛意識力量的日常工作，其數量會讓人大吃一驚。這份清單從心跳和呼吸開始，一直到我們遇到一位朋友時，決定是不是該伸出手去跟他握手，以及決定到底該伸進哪個口袋才能掏出一把刀子或一枝鉛筆。

會游泳與不會游泳之間的差別，對顯意識來說是個謎，因為沒有哪個游泳者能夠說出他學會游泳之後所做的跟學會游泳之前所做的有什麼不同。但潛意識卻知道這之間的區別，並讓不久之前還是不可能的事情變成一個輕而易舉的行為。

第七課：學會平衡

思考把人帶往知識。你可以看和聽，可以讀和學，只要你高興，而且高興知道多少就知道多少。除非是利用自己的頭腦進行思考，否則你絕不會知道任何東西。那麼，如果我說：人只有透過思考才能真正成為人，這話是不是太過分了呢？把思想從人的生命中拿走，他還能剩下什麼？

——佩斯特拉齊

❤大自然一直在試圖製造平衡，根據這一規律，我們發現了連續不斷的作用與反作用。

❤物質的濃縮意味著運動的耗散；相反地，運動的集中意味著物質的擴散。

❤這解釋了每一存在所經歷的整個變化循環。而且，它既適用於每一存在的整個循環，也適用於其歷史的每個細節。這兩個過程都在每一個實例中不斷發生著；不過總是有不同的結果，或者有利於此，或者有利於彼。每一次變化，即使只是局部換位，都不可避免地要助長某一因素。

❤引力法則最終導致平衡，耗散所包含的運動量與聚合所包含的運動量一樣大，或者更準確地說，必定是同一運動，一會兒表現爲摩爾的形式，一會兒表現爲分子的形式。從這一結果，不但得出了遍及我們恆星系的局部演化與分解的觀念，而且還得出了一般演化與分解不確定交互的觀念。

❤一六○○年，喬爾丹諾．布魯諾①因爲表達了下面的思想而在羅馬被活活燒死。

> 種子最開始變成了苗、穗，然後是麵包、營養液、血液、動物、精子、胚胎、屍體，然後再是泥土、石頭，或其他礦物，等等。由此，我們認識到：一種東西就這樣變成了所有這些東西，但本質上依然是同一種東西。

❤細微粒子的這種無始無終、連續不斷的衰退和流動（其本身並無變化）被稱作

「食物鏈」。我們只要談到這些變化與循環就足夠了，宇宙中的物質都經歷了這些變化與循環，人類也部分地參與了這些變化與循環，它們沒有終點，沒有界限。

❤分解與產生，毀滅與革新，在一個無休無止的循環中的任何地方都是環環相扣的。在我們所吃的麵包中，在我們呼吸的空氣裡，我們汲取曾經建構過我們祖先軀體的物質。不僅如此，我們自己每天都要拿出構成我們身體部分的物質給外部世界，不久，我們又會取回這些物質，那是我們的鄰居用類似的方式拿出來的。

❤說到戰場上的征服者，我們可以確切地說，他們完全是透過把他們的敵人當作日常食品給吃掉，而從他們的勝利中得到好處的，因爲戰場上的屍骨常常被大車給拉走，變成了肥料。

❤這個地球上的所有能量，有機的或無機的，都直接或間接地來自太陽。潺潺流水，息息微風，隆隆響雷，嫋嫋白雲，以及熠熠閃光、從天而降的雨、雪、露、霜或冰雹，植物的生長，以及動物和人類軀體的溫暖和運動，木材、煤炭及其他任何東西的燃燒，這一切都是太陽能的結果。

❤透過燃燒的過程，貯存在木材或煤炭中的已經化爲烏有的陽光可以再一次被釋放出來。推動機車向前的力量只不過是陽光轉化成了力。

❤一八五七年，倫敦的默里先生出版了英國著名工程師喬治．史蒂文森的傳記，書中有一段饒有趣味的關於光熱循環的描寫是這樣的：

禮拜天，這些人剛從教堂回來，當他們站在陽台上眺望著火車站的時候，一列火車疾馳而過，車後留下了一條長長的白色蒸氣。「現在，」史蒂文森對著名地質學家巴克蘭說，「您能否告訴我是什麼力量驅動了那列火車？」「幹嘛問這個？」對方回答道，「我想應該是您的一台大機車吧。」「但又是什麼驅動了機車呢？」「噢，多半是您的一位身材結實的紐卡斯爾火車司機吧。」

「您對太陽光怎麼看？」「您的意思是……？」「沒有什麼別的東西驅動機車，」這位偉大的工程師說，「它是千百年來積聚在地球上的太陽光——被植物所吸收的光，這些植物在它們生長期間可以把碳凝固下來，如今，在埋藏地球煤層中千百年之後，它們再一次被釋放出來，以服務於人類的偉大目的，在這裡就是機車。」

❤同樣是這種太陽能，以水蒸氣的形式從海洋中吸收了水。要不是因爲太陽的作用，水會永遠保持它完美的平衡。太陽的射線落在海面上，把水轉變成了水蒸氣，這些水蒸氣以霧的形式被吸收進了大氣當中。風以雲的形式把它們聚在一起，並帶著它們穿越大陸。在那裡，透過溫度的改變，它們再一次被轉變成了雨或雪。

❤你不妨研究研究雪花那神奇而美麗的形狀，它們在寒冷的冬天降落在地面上，那麼，你就會讓自己確信：某一天的形狀完全不同於前一天或後一天的形狀，儘管環境只有極小程度的差異。

❤然而，這種細微的差異足以發展出那些大爲不同的形狀。這表明——正如卡魯斯．斯特恩所說的：

> 這些轉瞬即逝的形狀，每一種都是濕氣、運動、壓力、溫度、稀薄、電壓以及空氣中的化學成分之間的複雜關係的精確表達。帶著多面的觀念（任何一個為編織品設計圖案的人都會羨慕），這些最簡單、最平凡的化合物的與生俱來的才能向我們表明：它們就是這樣跟外在環境的造型影響對立著。

❤太陽的作用重新把雪轉變成水，並透過地心引力，從高山流向不同的江河，最終回到它所來的地方，成爲海洋的一部分。

❤這些循環，全都受週期規律的控制。萬物皆有其誕生、成長、結果和衰亡的週期。這些週期受「七律」（Septimal Law）控制。

❤「七律」管理著每週的七日，管理著月相以及聲音、光、熱、磁場、原子結構等的和諧。它控制著個體生命和國家的興亡，也主宰著商業世界的種種活動。

❤統計學家們知道，每一個經濟繁榮時期都會緊接著一個經濟蕭條時期，因此，預言商業世界的一般狀況對他們來說並不是什麼難事。我們可以把同樣的規律應用於我們自己的生活，由此可以理解許多看上去似乎令人費解的經歷。

❤生命在於成長，成長在於改變，每一個七年的循環，對我們而言意味著一個新的階段。人生的第一個七年是幼年期，接下來的第二個七年是兒童期，兒童期意味著個體責任感的開端。下一個七年是青春期，第四個七年中將達到生命完全的成熟。第五個七年是建設期，在這個階段中，人們開始獲取財富、成就、住宅和家庭。從三五歲到四二歲的一個七年是反應和行動的階段，這個階段後是一個重組、調整和恢復的階段。然後，從五十歲起，就開始了人生下一個七七循環。

❤有很多人認爲整個世界即將邁出第六個週期，進入第七個階段，一個調整、重構與和諧的階段，也就是通常所說的「千禧年」。

❤數字僅僅是個符號。它們標示出能量的質與量，它們的符號適用於天地萬物。

❤要完成任何被造物（即便是理念）的物理呈現，都需要七個週期。

❤布拉瓦茨基夫人②在她的《祕密的教義》（Secret Doctrine）及其他神祕學者

在別的一些作品中，告訴我們：在地球上人類的發展過程中，有七個大的週期，每個週期產生一個「大種族」，每個「大種族」又再分爲七個「次種族」。

❤在不同的民族中，這七個「宇宙的創造性力量」以七顆神聖行星的「統治者」而著稱，這七顆行星是：太陽、月亮、水星、火星、金星、木星和土星。

❤月亮每隔七天就要改變它的外觀。一個衆所周知的事實是：月相不僅支配著潮汐和植被，而且也對人的精神狀態發揮週期性的影響。

❤「七」這個數字，支持了對身體、精神和靈魂合而爲一的認識。對於揭示生命的奧祕，它洞察的深度達到了最大限度。「七」是揭示大自然因果律的關鍵數字。

❤在許多方面，數字、文字和理念之間都存在著實際的、有形的、可認證的關係；全都與因此引起的振動有著作用與反作用的關係。這些振動，既是物理的，也是精神的。

❤大自然不會犯錯。它的每一次彰顯都呈現了神的觀念，我們的行動在無意中被弄得與它的規律相一致。這排除了偶然的因素，我們是什麼，我們做什麼，一切都是明確的、不變的規律發揮作用的結果，它們反過來作用於我們的生活。一切都依照生命的唯一基本法則，這就是運動，或振動，它永遠在尋求平衡。

❤法國哲學家帕斯卡爾強而有力地指出：「宇宙是一個圓，其圓心無處不在，其圓周無處可在。」

❤正如物質在時間上是無休無止的（或者說是永恆不滅的）一樣，它在空間上也沒有起點和終點。在它的眞實存在中，它退出了時間與空間的觀念，強加在我們有限心智上的限制。

❤不管我們是在最大限度上還是在最小限度上去調查或研究物質的範圍，我們在任何地方都找不到終點，或者最終形態，無論我們是借助思考還是求助於實驗。

❤顯微鏡的發現，打開了在此之前不爲人知的世界，向研究者揭示了有機生命與有機構成元素的精密與細微，這是人們之前做夢也想不到的，人們於是便抱有了這樣一個大膽的希望：想追尋最終有機元素的蹤跡，或許就是在存在的基礎上。

❤這樣的希望，其失望的程度跟我們工具的改良成正比。在一滴水的百分之一中，我們也能找到一個有機生命的世界，這些生命，藉由它們的運動，讓我們絲毫也不懷疑：它們同樣有動物生命的兩個主要標誌：感覺和意志。

❤其中最小的生命個體，在最高倍的顯微鏡下也幾乎不能辨認出它們的輪廓；它們的內部組織對我們來說依然是一無所知。是不是還有更小的生命形態存在，對此我們也一無所知。

❤科塔問道：「在一個由更小有機體所組成的侏儒世界裡，憑藉改良了的工具，我們是否該把單細胞生命看得像巨人一樣呢？」

❤正如顯微鏡在微觀世界裡指導我們一樣，望遠鏡也在宏觀世界裡引領著我們。在這個領域，天文學家們也大膽地夢想著洞徹宇宙的界限，但是，他們的工具越是完美，在他們瞠目結舌的凝視面前展開的世界越是無際無涯。

❤肉眼在天穹上看到的嫋嫋薄霧，被望遠鏡分解成了無數的星星，無數的世界，無數的太陽，無數的行星系。地球上的居民是如此天眞而驕傲地以為這個小小的星球就是一切存在的王冠和中心，如今卻從它憑空幻想的高度一落千丈，成為一粒在無際無涯的空間裡移動的原子。

❤「我們所有的實驗，並沒有讓我們捕捉到界限的蛛絲馬跡。望遠鏡科技的每一次增長，都向我們凝視的眼睛打開了新的繁星與星雲的世界，這些，即使不是由星系所組成的，也必是自我照明的物質。」

註解

①喬爾丹諾．布魯諾（一五四八～一六〇〇，義大利哲學家、天文學家和神祕學家，因為自己的觀念與教會的信條相衝突而被作為異端處死。在審判期間，他對法庭說：「法官大人，你們在宣判這一判決時，或許比我接受判決更為恐懼。」

②即海倫娜．彼得羅夫婦．哈恩（一八三一～一八九一，她是通神學的創立者。這是一個信仰團體，他們認為：一切宗教都是人試圖發現「神」的努力，因此，每一種宗教都擁有部分真理。

第八課：健康生活的真諦

想法產生想法。你把一個想法寫在紙上，另一個想法便會接踵而來，而且還有更多的想法聯翩而至，直到你寫滿這張紙。你無法測量你心智的深度。它是一口無底之井。你從裡面汲取得越多，它就會越清澈、越富饒。如果你忽視了自我思考，而使用他人的思想，只讓他們發表意見，你就絕不可能知道自己有什麼能力。

——G. A. 莎拉

❤思想賴以保存的普遍原理就是振動，像所有其他自然現象一樣。每一個想法都會導致振動，而這種振動又會一個波環接一個波環地繼續擴張並減弱，就像一顆石頭扔進水池所激起的漣漪一樣。來自其他想法的振動波可能會阻遏它，或者它最終消失於自己的虛弱。

❤幸福、繁榮和滿足，是清晰思考和正確行動的結果，因爲思考領先於行動，並決定著行動的性質。正如經濟學和力學中的每一次作用都必然帶來反作用一樣，在人類關係中的每一次作用也會帶來同等的反作用，因此，我們開始懂得：物的價值取決於對人的價值的認識。任何時候，只要「物比人更有價值」的信念變得流行起來，那麼，把財富的利益置於人的利益之上的程式就會固定下來，其所產生的作用必然會帶來反作用。

❤在托爾斯泰的一篇文章中，我們發現，那個一直看著我們的精神存在（我們通常把它的彰顯稱爲「良心」）總是一端指向正確，另一端指向錯誤。當我們遵循它所顯示的路線——從錯誤到正確的路線時，我們注意不到它。但是，你只要做某件與良心所指的方向背道而馳的事情，你就會意識到這一精神存在，然後它就會顯示動物行爲如何偏離了良心所指示的方向。就像一個航海者，意識到他正行駛在錯誤的航線上，不能繼續操作他的槳櫓、引擎或船帆，直到把他的航線調整到羅盤所指示的方向，或者消除他的這一背離常軌的意識。每個人，只要感覺到了自己的動物行爲與自己的良心的雙重性，就只有透過把這一行爲調整到符合良心的要求，或者透過向自己隱瞞良心所指出的他的動物生命的錯誤，才能繼續行動。

❤我們可以說，所有人類生命都只包含了這樣兩種行爲：（一）使一個人的行爲跟良心相協調；（二）對自我隱瞞良心的指示，爲的是能夠繼續像以前那樣生活。有人做前者，有人做後者。要實現前者，只有一種手段：道德啓蒙——增加你的自我中的道德之光，注意它所照亮的東西。就後者而言（對自我隱瞞良心的指示），有兩種手段：一種是外部的，另一種是內在的。外部手段在於那些能佔據你的注意力的事情，它們把你的注意力從良心所給出的指示上轉移開來；內在手段在於讓良心之光變得越來越暗。

❤正如一個人有兩種方法可以避免看到眼前的目標一樣（或者把視線轉移到其他目標——更引人注意的目標——上，或者乾脆蒙上自己的眼睛），一個人也正是用這樣兩種方法向自己隱瞞良心的指示：或者透過外部方法把自己的注意力轉移到不同的活動、顧慮、娛樂或遊戲上；或者透過內在的方法，阻斷注意力本身的器官。對於那些感覺遲鈍、道德感有限的人來說，外部轉移常常足以讓他們認識不到良心對他們的生活錯誤所給出的指示。但對於道德上很敏感的人來說，這些手段常常是不夠的。

❤一個人如果意識到了自己的生活與良心的要求之間存在著衝突，而外部手段並沒有把他的注意力從這一意識上完全轉移開來，這種意識妨礙了他的生活，爲了像從前一樣生活，人們只好求助於可靠的內在方法，這就是用麻醉品毒害大腦，從而讓良心之光變得越來越暗。

❤一個人不按照良心的要求生活，是缺乏依據這些要求重塑生活的力量。如果轉移不足以讓一個人的注意力離開對這一衝突的意識，或者轉向的目標已經不再新鮮，這樣一來（爲了能夠繼續生活下去，不理會良心的指示）人們就會讓那些良心賴以彰顯自己的器官停止活動，正如一個人矇住自己的眼睛向自己隱瞞他所不願意面對的東西。

❤全世界對酒精、菸草等麻醉品的消費，其原因既不在於個人趣味，也不在於它們所提供的愉悅、消遣和快樂，而僅僅在於人們對向自己隱瞞良心要求的需要。

❤人們不僅麻醉自己，以窒息他們自己的良心，而且，當他們希望其他人也跟良心對立的時候，還會故意去麻醉他們——換句話說，就是爲了剝奪人們的良心而著手去麻醉他們。

❤每個人都知道那些由於某件折磨良心的錯事而耽溺於飲酒的人。每個人都能注意到：那些過著不道德的生活的人比其他人更容易被麻醉品所吸引。盜匪與小偷幫會沒有麻醉人的東西就活不下去。

❤一句話，我們不可避免地得出這樣的結論：麻醉品的使用，無論是大量還是少量，是偶然還是常常，是在高級社交圈子中還是在低級社會階層中，是因爲一個相同的原因引起的——窒息良心聲音的需要，爲的是不讓他意識到存在於他的生活方式與良心要求之間的衝突。

❤人們普遍承認，煩惱或連續的負面情緒刺激會使消化功能紊亂。當消化功能正常時，饑餓感會停止，會在我們吃飽了的時候得到抑制，在我們實際需要進食之前不會感到饑餓。在這樣的情況下，我們的抑制中心就會恰當地發揮作用。但是，如果我們得了胃病，這個抑制中心就不再發揮作用了，我們總是感到饑餓，結果往往會導致已經受損的消化器官勞累過度。人類不斷地在經歷諸如此類的小麻煩。這樣的麻煩完全是局部的，只會吸引大中心很少的注意。但是，如果這種不適是源自一個根深柢固的、不能輕易消除的原因的話，更嚴重的疾病就會接踵而至。在這種情況下，由於它的嚴重和長期持續，麻煩就會包括生物體的所有部分，很可能會危及生命。當它達到這種程度的時候，如果大中心的管理有力、堅決而明智，紊亂就不能長期持續；但是，如果大中心軟弱無力的話，整個聯盟就可能轟然崩潰。

❤林達①醫生說：「『自然治療哲學』介紹了一種惡的理性觀念，它的原因和目的，亦即：它是由違背自然規律而引起的，就其目的而言它是矯正的，只能透過遵從自然規律來克服。如果不是自然規律被某個人在某些地方違反的話，任何地方都不會有任何種類的痛苦、疾病和惡。」

❤這些對自然規律的違反可能歸咎爲無知、漠視、任性或惡意。「果」和「因」總是相稱的。

❤關於自然生活和自然康復的科學清楚地表明，我們所謂的疾病，主要是大自然在努力消除身體的病態物質、恢復身體的常態功能；疾病的過程，在方式上跟大自然中任何別的事物一樣井然有序；我們一定不要阻止或抑制疾病，而是要跟它們合作。因此，我們緩慢而費力地記住了這樣一個至關重要的教訓：「服從規律」是防止疾病的唯一手段，也是治療疾病的唯一方法。

❤正如「自然治療哲學」所揭示的那樣，治療的基本規律，作用與反作用的規律，以及病情急轉的規律，都讓我們銘記了這樣一個眞理：在健康、疾病和治療的過程中，沒有什麼事情是意外的或反覆無常的；身體狀態的每一次變化，要麼是與我們生命的規律相和諧，要麼是相衝突；只有完全聽任並服從規律，我們才可以掌握規律，達到和維持完美的身體健康。

❤在研究疾病的原因和特性的時候，我們必須努力從頭開始，也就是從「生命」本身開始；因爲，健康、疾病和治療的過程，就是我們所謂的生命和活力的表現。

❤另一方面，生命或生命力的生機觀，則把生命力視爲一切力量中的主要力量，來自於所有力量的中心源。

❤這一力量，瀰漫於整個被創造的世界，並使之溫暖，使之充滿生機，是偉大的創造性智慧的表達。

❤追根究柢，大自然中的一切事物，從稍縱即逝的想法或情緒到堅硬無比的鑽石或白金，都是運動或振動的形式。

❤我們所謂的「沒有生命的自然」是美麗的、有序的，因爲它的演奏跟「生命交響曲」的樂譜同調合拍。只有人的演奏才能走音。這是他的特權，或者說是他的禍因，因爲他有選擇和行動的自由。

❤現在，我們可以更進一步地理解健康和疾病的定義了，在「自然療法」的手冊中，它們是這樣定義的：

健康是在生命的身體、心理、道德和精神層面上組成人的實體的元素和力量的正常而和諧的振動，與大自然應用於個體生命的建設性原則相一致。

疾病是在生命的身體、心理、道德和精神層面上組成人的實體的元素和力量的反常而不和諧的振動，與大自然應用於個體生命的破壞性原則相一致。

❤這裡自然提出了一個問題：「用什麼條件來產生正常或反常的振動呢？」答案是：生物體的振動環境，必須與大自然在人的身體、心理、道德、精神和靈魂等生命和行動領域中建立起來的和諧關係相協調。

註解

①亨利．林達（一八六二～一九二四），自然醫學的先趨。他相信，許多疾病的治療就是要回歸自然，其中最重要是自然食品。

第九課：消除內心的恐懼

人心憂懼則前途之光明、世間之幸福頃刻間為黑幕所遮避。而勇敢可以征服一切，它甚至能給血肉之軀增添力量。

——哈奈爾

❤你的情感總是試圖在行動中表達它們自己。因此，愛的情感總是在展示愛的行為中尋求表達。恨的情感會在報復行動或敵對行動中尋求表達。羞恥的情感會在符合產生這一情感的原因的行動中尋求表達。悲痛的情感會讓淚腺產生強烈的行動。

❤由此你會看到，情感總是把能量集中在尋找發洩管道的理念或願望上。

❤當情感找到恰當的宣洩管道的時候，那麼一切都會順利；但如果它們被禁止，或者被壓抑，那麼希求或願望就會繼續積聚能量，但如果它因爲任何原因而最終被壓制的話，它就會進入潛意識當中，並一直留在那裡。

❤這樣一種被壓制的情感便成了「情結」。這樣的情結是一種活的東西——它有生命力，這種生命力非常強烈，除非把它釋放出來，否則一生都不會減弱。事實上，每一種類似的想法、渴求、願望或記憶都會讓它變本加厲。

❤愛的情感導致腹腔神經叢變得活躍，反過來又會影響到分泌腺的機能，而這些分泌腺對某些身體器官產生振動作用，然後這些身體器官創造出激情。恨的情感導致某些身體活動加速，從而改變血液的化學機能，結果是半癱瘓狀態，或者，如果長期持續的話，就會完全癱瘓。

❤情感可以透過精神的、言辭的或身體的行動表達出來，它們通常以這三種方式之一而得到表達，並因此獲得釋放，這種能量在幾個小時之內便煙消雲散了。但是，當我們敬畏、驕傲、憤怒、憎恨或痛苦的時候，這些情緒就會被埋在顯意識之下，成了潛意識領域中的精神膿瘍，導致更大的痛苦。

❤這樣的情結可以找到相反的表達。比如說，一個男人，如果禁止他表達對一個女人的愛，他就會發展成一個憎恨女人的人。一看到女性的東西他就會生氣、苦惱。他看上去或許大膽、獨立而霸道，但這只不過是一種僞裝，他就是憑藉這種僞裝來掩蓋對愛與憐憫的渴望，這些都是不允許他得到的。此人最終如果要選擇配偶，他會無意識地選擇一個跟那個導致他悲痛的人完全相反類型的人。愛慕已經被顛倒過來了——他不想要提醒者。

❤痛苦是一種情緒，它打開了潛意識心智的大門。「這就是我因爲做錯事而得到的懲罰」，這個想法導致了一個結論：「好吧，我絕不會再犯這樣的錯了。」這就是個人的痛苦懺悔所帶來的自我暗示，使之沉入潛意識心智中的洗心革面的暗示。洗心革面就這樣發生了，因爲它改變了靈魂的渴望，同時也產生了這樣一種新的渴望：避免向那種痛苦的結果懺悔。

❤渴望源自於潛意識心智，它顯然是一種情緒。情緒源自於靈魂或潛意識心智。愉快的情緒是愉悅，是對潛意識心智爲身體所提供服務的獎賞。

❤你已經看到，當某個想法、觀念或意圖透過情緒而進入了潛意識的時候，交感神經系統接納了這些想法、觀念或意圖，並把它們帶向身體的各個部分，就這樣把想法、觀念或意圖轉變爲你生活中的實際經歷。

❤顯意識心智和潛意識心智之間必不可少的交互作用，需要神經通信系統之間類似的運用。腦脊髓神經系統就是我們藉以從肉體感官接收顯意識感知並對身體運動行使控制力的通道。這一神經系統有它的中樞，在大腦裡。

❤任何對生命現象的解釋，都必須建立在「統一」理論的基礎之上。在所有活物質的內部所找到的精神成分——這就是宇宙智慧，都必定在活物質形成之前就存在，它到今天依然存在於我們周圍，流淌於我們體內，穿過我們的軀體。這種「宇宙意識」以活物質的形式彰顯自己，它與顯意識智慧攜手合作，製造它的食物供應，在越來越高的生命層面上發展組織。

❤這一「宇宙心智」就是宇宙的創造性法則——天地萬物的神聖本質。因此，它是一種潛意識活動，而所有的潛意識活動都受交感神經系統的控制，交感神經系統就是潛意識心智的器官。

❤人類的智慧從未實現過宇宙智慧所產生的那些結果：就在植物生命的基礎之內發展出一所化學實驗室，就在我們自己的身體之內產生出精密的機械裝置與和諧的社會組織。

❤在礦物世界裡，每一樣東西都是固體的、不易揮發的。在動物與植物的王國裡，一切都處於變動不定、不斷變化、始終被創造與再創造的狀態。在大氣中，我們發現了熱、光與能量。當我們從有形轉到無形、從粗糙轉到精細、從低潛力轉向高潛力的時候，各門各類都變得更加精細，更具有精神性。當我們到達看不見的世界時，我們便找到了最純粹的、處於最不穩定狀態的能量。

❤正如大自然中最強大的力量是看不見的無形力量一樣，人身上最強大的力量也是看不見的無形力量——他的精神力量，而彰顯精神力量的唯一方式，就是透過思考轉變的過程。

❤是故，增減盈虧，都不過是精神事務而已。推理，乃是精神的過程；觀念，乃是精神的孕育；問題，乃是精神的探照燈和邏輯學；而論辯與哲學，乃是精神的組織機體。

❤有想法，就會引發生命機體某種組織的物質反應，如大腦、神經、肌肉等。這就會引發機體組織結構中客觀的物質改變。所以，只須針對某一給定主題作出一定數量的思考，就能使人的身體組織發生徹底的改變。

❤勇氣、力量與靈感的想法最終會扎下根來，當它發生的時候，個體的生命將被新的亮光所照耀。生命對你來說有了全新的意義。你會被重新塑造，充滿了歡樂、信心、希望與活力。你將看到你從未看見過的機遇。你將發現新的可能，而在此之前這些可能對你毫無意義。你的身上充滿了成功的想法，並輻射到你周圍的人，他們反過來又會幫助你前進與攀升。你將吸引到新的、成功的合作夥伴，而這反過來又會改變你的外在環境。所以，就是透過這樣簡單地發揮思想的作用，你不僅改變自身，同時也改變了你的環境、際遇和外在條件。

❤這些變化是生命中的精神因素所帶來的。這種精神因素不是機械的，因爲它具有選擇、組織和指引的力量，這樣一種力量不可能是機械式的。

宇宙智慧擁有記憶的功能，爲的是記錄所有它所遭遇過的經歷，在更高的生命層面上彰顯自己，組織自己。我們在活的生物體內部所發現的遺傳的引導力量，正是這種記憶的功能。

❤這種遺傳的引導力量常常表現爲恐懼。恐懼是一種情緒，因而它不服從理性。你因此像恐懼敵人一樣恐懼朋友，像恐懼未來一樣恐懼現在和過去。如果恐懼向你發起進攻，你就必須摧毀它。

❤你會對如何實現這個目標感興趣。理性根本幫不了你，因爲恐懼是一種潛意識想法，是情緒的產物。那麼必定有其他的辦法。

❤這個辦法就是喚醒腹腔神經叢。讓它行動起來。如果你習慣於深呼吸，那麼你就能把腹部擴張到極限。這是你要做的第一件事情。屏住呼吸一到兩秒鐘，然後（依然把先前吸入的這口氣屏住）吸入更多的空氣，再把它運到胸腔的上部，並收緊腹部。

❤這樣做會讓你面紅耳赤。繼續屏住呼吸一到兩秒鐘，然後（依然屏住呼吸）收縮胸腔，再次擴張腹腔。不要呼出這口氣，而是依然屏住它，迅速地交替擴張腹腔和胸腔四~五次，然後呼氣。恐懼便消失了。

❤如果恐懼並沒有立刻離你而去，那麼就重複這個過程，直到恐懼消失。過不了多久，你就會感覺到完全正常了。

❤如果你疲憊不堪，如果你想戰勝疲勞，那麼請就地站住，讓雙腳承載你的全部重量。然後深深地吸氣，踮起腳尖，抬高身體，雙手伸向頭的上方，十指朝上。把你的雙手在頭的上方併到一起，緩慢地吸氣，猛烈地呼氣。重複這套動作三次。只要花一兩分鐘的時間，你就會覺得比打個小盹更能恢復精力。最後，你就能夠戰勝疲勞。

❤這種練習的重點在於意念。意念支配著注意力。這反過來作用於想像。想像是一種思想的形態，而思想則是運轉中的心智。

❤所有的思想形態都彼此相互作用，直到它們達到成熟的狀態，在這種狀態下，它們不斷衍生同類的思想，這就是創造的規律。這些都顯示在個體的特性中。如果塊頭很大，骨頭很重，指甲很厚，頭髮很粗，那麼我們就知道身體的特徵佔優勢。如果個頭很小，骨頭不大，指甲薄而柔軟，那麼我們就知道精神的特徵佔優勢。粗糙的頭髮表示物質主義傾向，纖細的頭髮表示敏感而銳利的精神品質。直髮表示性格率直，蜷髮表示思想上的易變和不穩定。

❤藍眼睛表示輕鬆、快樂、愉悅、活潑的性情氣質。灰眼睛表示冷靜、精明、堅定的性格傾向。黑眼睛表示靈活有勁、敏感聰慧、喜歡冒險的性格特徵。褐色的眼睛表示真誠、活力和友愛。

❤因此，你是自己最內在的思想的完全彰顯。你眼睛的顏色，皮膚與頭髮的品質，以及你身體的每一根線條，都顯示出了你習慣性地抱持的思想的特徵。

❤不僅如此，你所寫的字不僅傳達了文字本身所包含的資訊，而且還攜帶了一種與你的思想特性相一致的能量，因此常常帶來跟你打算傳達的意念完全不同的資訊。

❤最後，即使是你所穿的衣服，最終也會呈現出環繞著你的精神氣氛，所以，訓練有素的心理分析師可以毫不費力地從一個人所穿的衣服上看出他的性格，哪怕他只穿了一會兒。

第十課：堅持科學的思考方法

科學的發展滌清了宗教和神學本身的塵埃，並發掘出其偉大思想的光芒。而生活中最大的理性，正是對科學思想的無限忠誠地堅持與執著。我們所秉持的，乃是對普遍規律和偉大智慧的自然皈依。

❤科學不是理想主義的，是自然的；它試圖知悉任何地方的事實及其邏輯結論，不會預先對這個或那個方向上的體系表示尊崇。格羅夫①說：「科學，既不應該有欲望，也不應該有偏見；眞理應該是它唯一的目標。」

❤赫胥黎②說：「現代科學已經進入了我們最優秀詩人的作品中，就連文人們也不知不覺地被灌輸了科學的精神，並在他們最好的作品中使用科學的方法。我相信，迄今爲止人類最偉大的智力革命，如今正透過科學的作用在緩慢發生。科學在告訴世界：最終的上訴途徑是觀察和實驗，而不是權威；它在告訴世界：要評估證據的價值；它在創造一個堅定的、活生生的信念：永恆不變的道德規律和自然規律是存在的，服從這些規律是一個智慧生命最高的可能目標。」

❤雷迪③懶得費心去深思熟慮，而是用實驗方法直接攻擊所謂「自然發生說」的特例。

❤「這兒有一些死動物，或幾塊肉，」他說，「我在大熱天裡把它們曝露在空氣中，要不了幾天，它們的身上就會佈滿密密麻麻的蛆。我把類似的屍體在相當新鮮的時候放進廣口瓶裡，再在瓶口上蒙一塊細密的紗布，這樣就不會有一條蛆出現，然而，這些死的物質卻以先前一樣的方式腐爛了。

因此很明顯，蛆並不是由腐肉產生的，牠們的形成，其原因必定是某種被紗布阻擋在外面的東西。但紗布並沒有擋住氣體或流體。因此，這個東西必定是以固體微粒的形式存在的，而且大到了無法穿透紗布的程度。這些固體微粒究竟是什麼，用不了多久你就會揭開這個疑團。因爲，那些被腐肉的氣味所吸引的蒼蠅蜂擁而至，聚集在瓶子的周圍，在強有力的但卻受到誤導的本能的驅使下，把牠們的卵（蛆就是從這些卵裡出來的）產在紗布上，並很快就孵化了。因此，結論是不可避免的：蛆並不是由腐肉所產生的，而是蒼蠅產下的卵使牠們得以產生。」

❤這些實驗看上去簡單得近乎孩子氣，你或許感到奇怪：之前怎麼沒人想到呢？然而，它們儘管簡單，卻值得悉心研究，因爲關於這個課題所做的每項實驗都符合這位義大利哲學家所提出的模式。他所做的那些實驗，結果都是一樣的，不管他使用的材料多麼五花八門。不足爲奇的是，雷迪的腦子裡必定產生了這樣一個推測：在所有諸如此類的實例中（表面上看起來生命是從死物質中產生的），眞正的解釋是：活性微生物是從外部進入到那個死物質中的。就這樣，下面這個假說得以明確成形：活性物質總是透過先在活性物質的媒介而產生的；並且，從此以後，在每一個特例中，在活性物質以任何能夠被細心的論證者所承認的其他方式產生出來之前，這個假說有權利得到尊重，也有義務接受質疑。

❤它所承受的，並不是生命形態這樣那樣的聯合，而是這樣一個過程：宇宙是這一過程的產物，這些生命形態是這一過程的瞬間表達。在活性物質的世界裡，這一宇宙過程的一個最典型特徵便是生存競爭，每一活性物質與所有其他活性物質競爭，其結果就是選擇，也就是說，那些倖存下來的生命形態，總體上最適合它們在任何時期所獲得的環境；因此，就這方面而言（僅僅在這方面），它們是最適合的。在丘陵植被中，這一宇宙過程所達到的頂點，可以在長滿雜草和荊豆的草皮中看到。在那樣的環境下，它們從競爭中勝出，並透過它們的生存證明了它們是最適合生存的。

❤在有心智的生命中，最終必定有某些完全一致的特徵，不管其組織構成可能存在多大的差異。在整個宇宙中，思考的規律無疑都是一樣的。

❤正如思考器官的身體發展有可能顯示從最低級動物到最高級人類的逐步發展的連續過程一樣，類似的每一次向上發展的身體特性和精神特性的轉變過程，也可以在他的身上找到。無論是生物形態學還是化學，無論是宏觀研究還是微觀研究，都不能發現人類大腦與動物大腦之間有什麼本質的不同。儘管差異可能很大，但畢竟是程度的差異。這解釋了爲什麼有些科學家的努力會一敗塗地，他們試圖發現任何這樣典型的或本質的不同，並據此把人置於自然史上一個特殊的位置和等級。

❤哈佛大學著名的心理學教授威廉．麥克杜格爾④在多倫多舉行的一次英國科學促進會的會議上，發表了以下非常重要的言論：

若干年前，當我開始科學研究的時候，堅持人的目的性需要相當大的道德勇氣。那是史賓塞和赫胥黎的時代，是克利福德和丁代爾的時代，是蘭格和魏斯曼的時代，是弗沃姆和貝恩的時代。世界及其中所有的活物，被人們以如此高的威望、如此大的信心呈現為一個機械決定論的體系，以至於一個人似乎被置於兩個尖銳對立的選擇面前。

一方面是科學和普遍機械論，另一方面是人道主義、宗教、神祕主義和迷信。但是，由永恆的堅硬原子和普遍的彈性乙呔以及純力學領域所組成的物理宇宙，已經變成了一堆亂七八糟的實體和活動，在發展和消失中不斷改變，就像萬花筒一樣。原子已經離去，物質已經把自己分解為能量；能量是什麼，沒人說得清楚，這就更不用說變化其變化及進一步演化的可能性了。

在心理學中，當活性生物體的複雜性被人們更充分地認識的時候，當它的代償、自調節、繁殖及修復的能力得到更充分探索的時候，十九世紀對機械論的信心也就逐漸衰退了。

在普通生物學中，機械論的新達爾文主義在進化的難題面前徹底破產了，這些問題有：變異與突變的起源，在進化過程後階段中心智的優勢，有目的性競爭（哪怕是最低程度上的）的跡象，類型的非凡持久性與遍及生命領域的不定可塑性的結合。

❤我不知道，什麼樣的哲學才是眞知灼見。我只知道，無拘無束的哲學思考才是唯一能把我們領向眞知灼見的東西。我是在爲眞理的重要性和影響力辯護，在我們這個時代，眞理可以爲所有人而被勇敢地提升。

❤然而，如果我相信我對約翰．杜威⑤教授所作的極其缺乏自信的解釋的話，這個世界上已經產生的科學與批評性思考，帶來了兩個很大的哲學趨勢，我認爲，它們對治國藝術來說全都有著重大意義。

❤首先，哲學已經改變了它的知識論——這正是心智的認知過程的特性。生物學做出了這一貢獻。老的觀念認爲：知識是從獨立的知覺中建構起來的，也就是說，理性是通向知識的坦途。從這個老觀念出發，生物學形成了一種新的觀念：知識是活的有機體針對其外部環境的行爲、反作用與「反擊」。知識因此成了一個生物體實現其內在結構豐富可能性的積極、有效的經驗。用不著研究技術行話，爲理性主義者的理性主義和經驗主義者的經驗主義奠定基礎的古老心理學全都被徹底推翻了，以至於我們幾乎認不出它變成了什麼。

❤其次，關於知識特性的這一變化，給我們關於眞理特性以及關於什麼是眞理、什麼是眞實的觀念帶來了巨大的變化。我們發現，眞理與我們獲取知識的方式完全被綁在了一起。不可改變的眞理，屬於一個高高在上、不食人間煙火的領域，這一古老的觀念如今開始被轉變成了這樣一種概念：眞理是一種正在運轉的、活生生的東西。因此，現實與理想、客觀與主觀、經驗與理性、實體與現象之間的古老戰鬥，已經變得陳腐不堪，因爲人們看不出這樣的戰鬥會有什麼實際的結果。

❤因爲社會正在承受的痛苦並非來自不平衡的預算和被破壞的協定，而是來自錯誤的精神過程。這些過程當中，有許多已經成了制度；而制度，正如馬丁所說，只不過是已經被陳規化了的習慣而已。因此，人們思考的方式，就是造就或對或錯、或智或愚的制度的那種東西。有一些很大錯誤的精神過程——其中有一些就是由來已久的制度——阻礙了內在生命爲滿足新的需要而進行擴張，阻止了它們去呼吸一個新的精神早晨的開闊空氣，科學正是憑藉這個去點亮世界。這些精神習慣並沒有被稱爲惡，因爲它們遠遠地藏在我們明顯的惡之後，以至於並沒有被認出來。它們並沒有登上善的報紙的頭版頭條。陪審團與調查委員會不會把它們列入社會崩潰的「訴訟事由」清單上，因爲陪審團與委員會自己也被同樣的習慣之網給逮住了但是，除非它們被人們所注意並且被改正，否則社會就絕不可能變得明智。除非社會變得明智，否則它就絕不可能幸福，也不可能自由。

❤在活的生物體身上，除了純粹的身體力量和無生命自然的化學之外，必定還有某種別的東西——某種生命一旦停止，它也就不復存在的東西。存在這樣一個至關重要的條件：在這一條件下，分子有力量導致結籽結構，它們跟無機自然的那些結構有著廣泛的不同，完全是站在一個更高的水準上。存在一種進化的力量，一種建築上的力量，它不僅會提升化學結果，而且還會發展局部與結構的多樣性以及祖先品質的遺產，物質成熟的規律對此無法作出解釋。

❤奧古斯特·孔德⑥說：「實證的精神就在於要讓自己同樣遠離兩個危險——神祕主義和經驗主義。」透過神祕主義，他懂得了對不可證解釋的依賴，對先驗假說的依賴。人們的想像在這些東西中找到了快樂，但我們必須能夠把所有「眞正」的知識帶回到一個普遍的或特殊的事實。因此，實證科學拒絕探索物質、目的甚或原因。它僅僅瞄準現象及其關係。

❤當他借助觀察或演繹認識了關於現象及其關係的規律的時候，他就心滿意足了。因爲這些規律的知識使得他能夠在某些情況下干預現象，用人工秩序去取代自然秩序，以更好地滿足他的需求。因此，機械的、天文的、物理的、化學的甚至生物學的現象，就是今天的關係與實證科學所研究的物件。

❤但是，一旦問題是某個源自人類良心的事實，或者是某個跟社會生活、跟歷史相聯繫的事實，那麼相反的傾向立刻便變得突出了。我們的心智不單單要探索現象的規律，而且還想解釋它們。我們想找出本質和原因。

❤那些亂哄哄的搗亂運動讓世界充滿了麻煩和騷動，除非最終建立起理性的和諧，否則就會有滅頂之災，這些動亂並不僅僅歸於政治的原因。它們源自於道德的混亂。而這種道德混亂又源自於智力的混亂；也就是說，源自於缺乏共同訴諸心智的原則，缺乏對觀念與信仰的普遍認同。因爲，對於讓人類社會生存下去來說，社會成員中的情感甚或共同利益的某種和諧並不夠。最重要的是，在一個共同信仰團體中得以表達的智力和諧是必不可少的。

❤有足夠的空間、受過足夠的教育因而能夠檢驗這些結論並拿出他們的證據的人，總是少得可憐。其他人的態度必定是服從或尊重。新的眞理是「被證明的」。它不包含任何不是透過科學方法建立並控制的東西，不包含任何超出關係領域之外的東西，不包含在任何時候都不能被證明是心智能夠找到實證的任何東西。

❤這種形式的「眞理」已經存在於大量科學事實的實例中。因此，如今所有人都相信太陽系的理論，我們把這一理論歸功於哥白尼，歸功於伽利略，歸功於牛頓。然而，又有多少人理解這一理論所依據的實證呢？但他們知道，這對他們來說是個信仰的問題，而對另一些人來說則是個科學的問題，要是他們自己也經過必要的研究的話，結果也會同樣如此。

❤由知識所產生的信仰，在永恆的秩序中找到了它的目標，展示出無休無止的變化，透過無盡的時間，存在於無窮的空間。宇宙能量的彰顯，在可能性階段與解釋階段輪流交替。

❤「神」和「宇宙」只不過是同一個實體，既是精神也是物質，既是思想也是外延，這是神的唯一已知的屬性。

❤正如我們沒有理由懷疑在遙遠的世界裡有組織化程度更高的生命存在一樣，這些生命存在（作爲理性存在而處於更高的發展階段）也同樣毫無疑問在智力上類似於地球人，因爲在整個宇宙中，只有一種在各處都是一樣的智慧才是可以想像的——這種智慧讓所有的物理規律呈現爲智慧規律。

❤整個經驗事務存在一種即將到來的崩潰，只有科學的崛起及其精確的科學方法才能避免出現這種崩潰。不管古人是不是對的，可以肯定的是，現代生活如果沒有科學的幫助將是不可能的。這種幫助並不純粹是實用的。現代科學給了我們一片新的天地。它拓展了我們的觀念，革新了我們的方法，並直接擴展了我們的現實觀念的範疇。下面的說法一點也不過分：我們現代人所生活的這個世界，假如古人曾經夢到過的話，恐怕會認爲它實在是太奢侈了，甚至都不敢相信那就是夢。

註解

①威廉．羅伯特．格羅夫爵士（一八一一～一八九六），英國物理學家，他於一八三九年開始發出了第一個燃料電池。

②托馬斯．亨利．赫胥黎（一八二五～一八九五），英國生物學家，達爾文的堅定捍衛者。

③弗蘭西斯科．雷迪（一六二六～一六九七），義大利醫生，他的實驗推翻了自然發生說。

④威廉．麥克杜格爾（一八七一～一九三八）是一位心理學家，他的工作主要影響了本能理論與社會心理學。

⑤約翰．杜威（一八五九～一九五二），美國哲學家和教育改革家，他極力主張教育應該有實際的應用，而不僅僅是一個抽象的工具。

⑥奧古斯特・孔德（一七八二～一八五七），法國哲學家與社會學之「父」。他是實證主義的創始人，這一思想體系主張：知識的目標僅僅是要描述現象，而不是爭論現象的存在。

第十一課：祈禱的力量

理想和動機影響了人類世界的發展進程，為了我們不能放棄的理想，每個人都在生命中苦苦追尋，苦苦思索。我們等待內心的覺醒，並在為希望祈禱，以使自己的心靈感知人類千百年來最偉大的思想。

❤無論是國家的命運還是個人的命運，都取決於眞正基本的因素和力量——比如人與人之間彼此的姿態。對歷史的形成，理想和動機比事件更有影響力。對生命的持久關注，人們的所思所想比同時代的任何騷動和劇變都更有意義。

❤現代的令人不滿的狀況，是根深柢固的破壞性疾病的症狀。以立法和壓制的方法對這些症狀施治，可以緩解症狀，但不能治癒疾病，它會表現爲其他的更糟糕的癥狀。對陳舊朽爛的衣服縫縫補補，對衣服絕不會有什麼改善。建設性的措施，必須用之於我們文明的基礎，亦即我們的思想。

❤生活的哲學，如果它的基礎是盲目的樂觀主義，是一種並不全天候具有作用的宗教，或者是一個不切實際的主張，那麼它對知識份子就根本沒有吸引力。結果，我們所要面臨的嚴峻考驗是：它會有作用嗎？

❤表面上不可能的事，正是那些有助於我們去認識可能性的事。如果我們期望進入「啓示的福地」的話，我們就必須走上前人從未踏足過的思想小道，穿越無知的沙漠，涉過「迷信的沼澤」，攀登習俗和禮儀的群山。智慧統馭著我們。得到明智指引的思想就是創造力，它自動地促成其目標的實現：在物質層面上彰顯。讓有耳朵的人去傾聽吧。

❤一次普遍的覺醒，其特有的標誌之一，就是在懷疑和動盪中閃耀光亮的樂觀主義。這種樂觀主義表現爲照明的形式，當光明普照的時候，恐懼、憤怒、懷疑、自私和貪婪都會消失得無影無蹤。我們預見到，對於這一讓人變得自由的眞理，人們的認識正越來越普遍。在這個新的時代裡，幾乎不可能有某一個男人或女人首先認識到這一眞理，但一個明顯的趨勢是，對於啓蒙之光，人們有越來越普遍的覺醒。

❤在我們的顯意識中佔據了一定時間的每一事物，最終都在我們的潛意識中留下了痕跡，並成爲一種模式，而創造性能量則會把這種模式編入我們的生活和環境中。這就是祈禱力量的祕密。

❤從古至今，對這一規律的運轉知之者甚少，但最不可能出現的情況是：由那些深奧的哲學流派的某個學者擅自揭示這一資訊。這是因爲，那些大權在握的人擔心毫無準備的公衆不能恰當地運用由這些原則而釋放出的非凡力量。

❤我們知道，宇宙被規律所控制；有果必有因，在同樣的條件下，同樣的因總是產生同樣的果。因此，如果祈禱得到過回應，只要合適的條件得到滿足，它就一直會得到回應。這必定是正確的，否則宇宙就是混亂無序的，而不是有序的整體。

❤宇宙的創造性法則沒有例外，它不會反覆無常，也不會從憤怒、嫉妒或仇恨中發揮作用；不能透過同情或懇求來誘騙、討好或感動它。但是，如果我們理解我們跟這一宇宙法則是統一的，那麼我們就能夠受到它的青睞，因爲我們將找到智慧和力量之源。

❤每一個思考者都必須承認，對祈禱的回應，提供了無所不能的普遍智慧的證據，在所有事物、所有人的身上，這種普遍智慧都是迫在眉睫的。我們在此之前已經把這種永在的智慧人格化了，稱之爲上帝，但人格的觀念跟形態相關聯，而形態是物質的產物。永在的智慧或心智必定是一切形態的創造者，是一切能量的管理者，是一切智慧的泉源。

❤祈禱的價值，取決於精神活動的規律。思考是一種精神活動，由個體對普遍心智的反作用所組成。思考是精神所擁有的唯一活動。精神是創造性的，因此思考是一個創造過程，但是，因爲我們絕大部分思考過程都是主觀的，而非客觀的，所以我們大部分的創造性工作都是在主觀上進行的。但因爲這項工作是精神性的工作，所以它依然是眞實的，我們都知道，大自然所有偉大的永恆力量，都是無形的而非有形的，是精神的而非物質的，是主觀的而非客觀的。

❤但是，正因爲思考是一個創造過程，而我們大多數人都是在創造破壞性的條件，我們思考死亡而不是生存，我們思考匱乏而不是富足，我們思考疾病而不是健康，我們思考衝突而不是和諧，所以，我們的經歷以及我們所愛的人的經歷，最後都反映出我們習慣性地抱有的心態，如果我們知道我們是否能爲我們所愛的人祈禱，我們也就能透過抱有關於他們的破壞性想法從而損害他們。我們是自由的道德媒介，可以自由地選擇我們的所思所想，但我們思考的結果卻受到永恆法則的控制。

❤祈禱就是以懇求的形式表現出來的想法，而斷言是對眞理的陳述，它得到了信仰的增強，而信仰則是另一種強有力的思想形式，它們變得不可征服。這一實質就是精神實質，其本身包含了創造者和被創造者。

❤但祈禱和斷言並不是創造性思想的唯一表現形式。當建築師計劃修建一幢奇妙的新建築的時候，他總是在自己的工作室裡冥思苦想，運用自己的想像力來構思它新奇的外型，同時包含額外的舒適或效用，結果通常不會讓人失望。

❤想像、形象化、全神貫注，都是精神技能，都是創造性的，因爲精神就是一種創造性的宇宙法則，發現了思想的創造力祕密的人，也就發現了時代的祕密。用科學術語來陳述，這一規律就是：思想會跟它的作用對象相關聯，但不幸的是，絕大多數人聽任他們的思考停留於匱乏、局限、貧困以及其他種種形式的破壞性想法上。因爲這一規律對誰都一視同仁，所以他們的所思所想就具體化在他們的環境中。

❤最後，還有愛——愛也是一種思想形態。愛完全不是物質的，誰也不會否認：

它是某種非常眞實的東西。愛也是宇宙的創造性法則。

❤愛是情感的產物，情感受腹腔神經叢和交感神經系統的控制。它因此是潛意識活動，完全處在無意識的神經系統的控制之下。因爲這個原因，驅使它的動機常常既非理性也非智力。每一個政治煽動家和宗教復興運動的鼓吹者，都利用了這一法則，他們知道，如果他們能鼓動人們的情緒，他們所希望的結果就會得到確保，因此煽動家總是訴諸聽衆的激情和偏見，而從不訴諸理性。宗教復興運動的鼓吹者們總是透過愛的天性來訴諸情感，而從不訴諸智力。他們都知道，當情緒被鼓動起來的時候，理性和智力就會陷入沉寂。

第十二課：每個人都有同等偉大的思想

歷史已經證明了一個簡單的事實，那就是每個人都具有同等偉大的思想。這種思想受贈於祖先，並溶解於我們的血液乃至心靈之中。在每個人內心深處，都有一種不變的信仰，一種對未來的刻骨銘心的憧憬。

❤原始種族從未發展到足以把他們的觀念具體表現在文學作品中的程度。他們是所謂的野蠻部落，既有古代的也有現代的，在某種程度上，可以透過他們倖存下來的觀念和習俗，透過他們已經變得文明的子孫後代，透過這些後人們的著述，從而爲人們所瞭解。

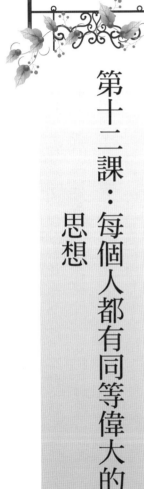

❤在人類社會的早期，人的心理一致給我們留下了深刻的印象。當然，這些早期種族在細微末節上有所不同，但差異的程度比你所想像的要小得多，因爲存在著這樣一個驚人的事實：在世界的所有地區，人的心智，在觸及到存在的基本事實時，其工作方式幾乎是相同的。人的心智過程在心理上的相似，是現代最爲驚人的發現之一。

❤古代宗教的本質部分，其屬於信仰的部分並不如屬於實踐的部分那麼多——人尚未發展到足以能夠推理、能夠權衡並比較自己的思想的程度。他需要紀律，以訓練他的身體和情感。他爲生存而戰，這種競爭導致他仰望超自然的「存在」，以便獲得幫助，他把這種存在命名爲「神」。爲了轉移神的憤怒，他必須獻祭；神應該被人畏懼。

❤死後的生命是另一種普遍的信仰。有些靈魂要進入冥府，有些則要進入天國。還有一種信仰就是所謂的「泛靈論」，或者說是信仰萬物皆有靈（或魂）——不僅僅是動物，而且還包括樹、雷、水、土、火，等等。靈魂可能會因爲人的行爲讓它們不快，從而對人實施報復，所以靈魂也應該被人畏懼。

❤這一畏懼體系得到了認可，因爲正是借助它，人才學會了服從命令。許多部落都有這樣的觀念：一個動物的沒有生命的部位（比如骨頭、爪子、尾巴、腳等等），也保留了活物力量中的某種東西，這被稱爲「拜物教」。

❤跟拜物教密切相關的是「偶像崇拜」。我們因此看到，直到今天，社會組織依然受到古人所抱持的上帝觀念的影響。在大地還是女神——無限豐饒的母親的那個時代，人就想到了雷霆——勇士的霹靂。

❤我們樂於承認，這些觀念爲我們所有的文學作品增添了色彩，是許多迷信的起源。

❤「圖騰制度」是人們給部落細分制度所取的名字，這些分支部落以「圖騰」爲標誌。圖騰通常是自然物，比如動物，但也有樹和植物，作爲一個氏族或部落的象徵。

❤「圖騰」是一個美洲印第安語單詞，表示「祖先」或者「家族史」，然而這一宗教實踐卻在世界上許多地方存在。世界上的所有地區都一直在供奉獻祭。

❤在這些原始宗教中，一切所謂的文明宗教都可以找到它們的根。一棵樹的某些物質是透過它的根而得來的，更多的則是透過樹葉來自空氣，所以，文明的宗教在很大程度上也要歸功於它從遙遠的、不文明的過去所繼承的東西。它們的信仰常常是非理性的，它們的儀式常常是令人厭惡的，但正是透過它們，向外、向上的道路才得以打開。

❤既然人性從未達到過完美，因此永遠也沒有宗教是完美的宗教，宗教總是在極力把自己具體化爲形態。但所有宗教本質上是一樣的，它們只不過是人性自我與生俱來的渴望，透過不斷增加信仰知識，走完它從肉體到深信的漫長旅程。

❤人就其本性而言永遠是宗教的，他的內心裡永遠有一種不滅的渴望，推動他在他的三重展開中不斷向前。這就是生命的法則——因此，我們可以把宗教稱爲「展開生命的技術」。

❤正如「人是時代的繼承者」一樣，我們發現，在每一個原始時期，都存在這樣的教義：它們被傳遞給後一時期，合併到他們的信仰中。因此，我們有很多的傳說和民間故事，從遙遠的年代一直傳到我們的手裡。

❤當我們閱讀、比較這些年代久遠的傳說與神話時，我們饒有興趣地注意到，有很多故事是透過它們而來的：大毒蛇的故事，亞當與夏娃性別分離的故事，伊甸園的故事，蛋的故事，直到今天它依然是生活的象徵。還有很多其他類似的故事，是作爲眞理的象徵而出現在現代宗教中的。

❤在每一種宗教中，總是有洪水的故事，這一點很重要，因爲它與科學相符，科學告訴我們：大地曾多次被淹沒。

❤巴比倫、亞述和埃及全都留下了思想的遺產，以及對人類的心靈和心智產生過影響的哲學。

❤但是，誰不曾讀到過埃及那塊神奇土地呢？——如果讀過，他難道沒有從古老的埃及那裡感覺到一種救贖嗎？他難道沒有一種想要去那兒的神祕渴望？在那裡，他對這一救贖的感受可能會更深。

❤這塊已經失去了浪漫的神奇土地，實際上是由三倍浪漫的尼羅河從一片沙漠中創造出來的。這裡多半是地球上最古老的文明之一。歷史已經消失在朦朧而遙遠的過去，但是，遠在西元前五千年之前，那裡就存在這樣的部落：它們衆多的神生活在那裡，每個部落都有自己的「圖騰」。

❤正如周圍的國家都有它們的「生殖神」一樣，他們這裡更受歡迎的神是冥神奧西里斯和祂的妻子、繁殖女神伊希斯。奧西里斯代表尼羅河，伊希斯代表埃及的土地，在某些季節，尼羅河氾濫並灌溉別的沙漠土地，河水氾濫給這些沙地帶來豐收，奧西里斯與伊希斯之子——霍魯斯代表收穫。

❤埃及的神有很多，然而隨著時間的推移，埃及的觀念與理想也有所改變，它衆多的神被分組歸類，就像在家族中一樣，最終共有9個神，後來被希臘人稱爲「尤尼德」。這種分組是因爲我們的十進位數字系統。

❤這一宗教的影響，可以在敏感的社會意識的發展中感覺到。它成了一個反思和哲學研究的時代。

❤然而，埃及卻正在成爲無神論者。在它的早期，只有國王才能升天。他們問道：「如今，凡夫俗子爲什麼不能也一樣升天呢？」在這裡，我們看到了民主政治的種子正在萌芽。

❤據說，那裡出現了一位國王，有著強烈的宗教情懷，他試圖把人的心智帶向一神的觀念。這一觀念蘊含在「太陽神」中，但埃及人尚沒有爲這樣的革新做好準備，依然堅持信奉他們古老的神。

❤在拉美西斯二世和塞提一世的治下，埃及開始受到亞洲的影響，但巴力、亞拿——阿什塔等神並沒有在埃及人的信仰中留下很深的印記。

第十三課：隱藏的甘露

實現了成功的人生活得很不錯，笑口常開，充滿愛心。他打動了純真女性的芳心，贏得了小孩子們的熱愛；他得到了適合他的職位，完成了他的任務；他離開時的世界，比他來到這個世界的時候更好；他從不缺乏對地球之美的欣賞，也不乏表達這種欣賞的能力；他總是尋找他人身上最好的東西，也把自己最好的東西奉獻給他人；他們的生活是一種啟示，對他們的記憶是一種祝福。

——史坦利

❤我們生活在一片深不可測的、由可塑的精神物質所組成的海洋裡。這種精神物質永遠活力充盈、生機勃發。它敏感到了無以復加的程度。它根據不同的精神需求而成型。它透過思想澆鑄的模型或構造的母體而得以表達。

❤宇宙是活躍的。爲了表達生命，必須要有精神；如果沒有精神，一切都無法存在。每一存在的事物，都是這一基本物質的某種彰顯，萬物由它創造，被它創造，並持續不斷地被再創造。正是人的思考能力，使他成爲一個創造者，而不是被造物。

❤萬物都是思考過程的結果。人完成了看上去不可能的事情，正是因爲他不承認這件事是不可能的。

❤透過專心致志，人們在有窮與無窮、有限與無限、有形與無形、有我與無我之間建立起了聯繫。

❤物質從電子開始逐步形成，這是把智力能量具體化的一個過程。

❤人們學會了如何乘坐浮動的宮殿穿越海洋；如何在空中飛翔；如何透過被啓動的電線把思想傳遍四面八方；這一切，對於以前的人來說是多麼不可思議，多麼令人驚嘆，多麼不可理解。

❤人們還會轉向對生命本身的研究，用這樣得來的知識讓日子過得平和而快樂，讓壽命變得更長。

❤搜尋長生不老藥一直是一項引人入勝的研究，讓許多有烏托邦傾向的人傾注了全部的心力。古往今來，哲學家們一直夢想著有一天人會成爲物質的主人。那些發黃的手稿中就有許許多多的證據，記錄著他們付出的痛苦代價：受挫的幻滅感所帶來的極度悲痛。成千上萬的研究者都爲人類福祉的祭壇奉獻了他們的祭品。

❤但是，人們長期尋求的身體安康，並不是透過檢疫、消毒或健康的膳食實現的；長生不老藥和哲學家的石頭（即點金石）也不是透過節食、禁食或暗示找到的。

❤聖賢的水銀和「隱藏的甘露」並不是健康食品的成分。

❤只有當人的心智變得完美，然後，身體才能完美地表達自己。

❤肉身之軀，透過一個連續不斷的毀滅與重建的過程得以維持。

❤健康，只不過是一種平衡，這樣的平衡，是大自然透過創造新的組織、排除舊的（或廢棄的）組織這樣一個過程來維持的。

❤憎恨、羨慕、批評、嫉妒、競爭、自私、戰爭、自殺和謀殺，都是引起血液中酸性狀態、引發導致腦細胞發炎的變化的原因，是靈魂演奏「神聖和諧」還是「奇技巧」的關鍵，這取決於大自然的神奇實驗室中化學元素的排列。

❤出生與死亡不斷在身體中發生。新的細胞透過把食物、水和空氣轉變爲活性組織從而被創造出來。

❤大腦的每一次活動，肌肉的每一次運動，都意味著某些細胞的毀滅，以及繼之而來的死亡；這些死的、不再使用的、廢棄的細胞的積聚，就是導致疼痛、苦楚和疾病的東西。

❤我們讓像恐懼、憤怒、煩惱、憎恨和嫉妒這樣一些破壞性的思想去佔領我們的頭腦，這些思想就會影響身體、大腦、神經、心臟、肝和腎的各種不同的功能活動。反過來它們就會拒絕執行它們不同的功能：建設性的過程停止了，破壞性的過程開始了。

❤對維持生命來說，食物、水和空氣是三種必不可少的元素，但還有更加必不可少的東西。我們的每一次呼吸，不僅用我們的肺充滿空氣，而且讓我們自己充滿「氣能量」，這種生命的呼吸滿足了心智和靈魂的每一種需求。

❤這種賦予生命的靈魂，比空氣、食物和水更加必不可少。一個人可以沒有食物而生活四十天，沒有水而生活三天，沒有空氣而生活幾分鐘；但如果沒有乙太①，則一秒鐘也活不了。它是生命的主要本質，包括所有的生命本質，這樣一來，呼吸的過程不僅爲身體的建構提供了食物，而且也爲心智和靈魂提供了食物。

❤在印度，瑜伽學說認爲有一個衆所周知的事實，但在我們國家卻不那麼爲人所知，這就是：在正常的、有節奏的呼吸中，每次都是透過一個鼻孔呼氣和吸氣：大約一個小時透過右鼻孔，接下來一個小時透過左鼻孔。

❤透過右鼻孔進入的氣息製造著正的電磁流，傳到脊椎骨的右側；透過左鼻孔進入的氣息則發送負的電磁流，傳到脊椎骨的左側。這些電磁流透過交感神經系統的神經中樞傳送到身體的各個部位。

❤在正常的、有節奏的呼吸中，呼氣所花的時間大約是吸氣的兩倍。例如，如果吸氣需要四秒鐘，呼氣（包括重新吸氣前片刻的自然暫停）就需要八秒鐘。

❤系統中電磁能量的平衡在很大程度上取決於這種有節奏的呼吸，因此，深度的、暢通無阻的、有節奏的呼氣與吸氣非常重要。

❤印度的智者都知道，隨著呼吸，他們所吸入的不僅是空氣的物質元素，而且還有生命本身。他們告訴人們，這種所有力量的最初力量（一切能量皆源於此），在整個被創造的宇宙中以有節奏的振動衰退與流動。每一個活物，都是依靠參與這種宇宙的呼吸而活著。

❤需求越積極，供應就越大。因此，當深度的、有節奏的呼吸與宇宙呼吸相和諧的時候，我們就把來自所有生命之源的生命力量與我們生命中最內在的部分聯繫起來了。如果沒有個體生命與生命的大水庫之間這種緊密的聯繫，正如我們所知道的那樣，生命的存在將是不可能的事情。

❤自由，並不在於對統領一切的原則視而不見，而是要與它相一致。自然的法則無限正確。違背正確的法則並不是自由的行動。自然的法則無限慈善。自然於慈善法則的作用，並不是自由。只有這樣，渴望才能得到滿足，和諧才能實現，幸福才能獲得。

❤奔騰的江河，只有當它被限制在堤岸之內的時候才是自由的。堤岸使得它能夠執行它特定的功能，並對它慈善的目的做出最出色的回應。正是在抑制自由的情況下，它才發出和諧與繁榮的資訊。如果它的河床升高了，或者它的流量極大地增加了，它就會離開河道，蔓延到整個地區，攜帶著毀滅與荒蕪的資訊。它不再是自由的。它也不再是一條河。

❤必要就是需求，需求創造行動，結果帶來發展。這個過程每隔十年就會創造出更大的發展。所以，我們完全可以說，最近二十五年世界所取得的進步，比之前任何一個世紀都要大，最近一個世紀世界所取得的進步，比過去所有的時代都要大。

❤儘管不同的人有不同的性格、脾氣和特點，但依然有某個明確的規律支配和控制這所有的存在。

❤思想是運動中的心智，精神的重力對於心智的規律來說，就像原子的吸引力對物理科學一樣。心智有它的化學力和構成力，這些力就像任何物理力一樣明確。

❤創造就是心智的力量，借助這一力量，思想被轉向內在，孕育和構思新的思想。正是因爲這個原因，只有開化了的心智才能獨立思考。

❤心智必須獲得某種思想的特性，這會讓它能夠自己繁殖思想，而無需任何來自外界的種子以孕育思想。

❤當心智獲得這一特性的時候，就能夠自然而然地產生思想，而無需外部的刺激。

❤這是透過在心智中孕育思想而做到的，是宇宙使之受孕、使之豐饒的結果。

❤一定不要讓它們跑到外部空間去，而是恰恰相反，必須讓它們留在內心中，在那裡，它們會創造出與它們的特性相一致的精神狀態。

❤這種對自生思想及其相應精神狀態之觀念的吸收，便是「因的法則」。

❤這可能要歸因於下面這個事實：精神的宇宙作爲心智的統一體而不斷受到輻射，而這一心智又與人的心智相聯繫，作爲人的心智發揮作用。

❤它就是本質，它與宇宙的本質爲一體，與萬物的本質爲一體。

❤結果是，在達到並成爲思想的無窮大之後，個體就是心智中的全知者，意志中的全知者，以及靈魂中的全知者。他的心智品質是全知，他的靈魂品質是全知。

❤一個這樣的人，在他所做的所有事情中都擁有了眞正的力量。他的確是自己命運的主人和創造者，是自己天命的仲裁者。

❤有許多五顏六色的鮮花。每一朵花都開放在伸向偉大太陽的枝幹上——太陽是植物生命的上帝——沒有抱怨，沒有懷疑，帶著植物所有的渴望、信念和期待。

❤它們要求並吸引這豐富的色彩和芳香。人也是這樣，他也會在未來釋放出心智和靈魂的偉大的渴望力量，把這些力量轉向天空，公正地要求著宇宙中最高級的禮物：生命。

❤生命意味著活。年齡是一種偏見，它在你的頭腦裡變得如此牢固，以至於隨便提到哪個歲數，都能在你的腦海裡喚起準確的形象。

❤二十歲，你看到少男少女渾身洋溢著青春的朝氣。

❤三十歲，年輕的男人女人的生命力與平衡感都得到了充分的發展，依然處於上升階段，向著那令人暈眩的成熟高度發展。

❤四十歲，頂峰已經達到，對即將俯瞰遼闊地平線的期盼維持著曾經做出的努力。你驕傲地看著曾經走過的路，同時卻不由得黯然神傷：你已經轉向那道深淵，它那令人暈眩的彎道陡然向越來越深的黑暗蜿蜒延伸。

❤五十歲，走在下坡的半道上，你依然被來自頂峰的光所照亮，儘管那深淵的寒意已經觸動你的心弦。生命越來越衰弱，你被迫做出更多的退讓和放棄。

❤六十歲把你帶向了寒冷的憂鬱河谷的入口。你站在晚年的起始處，聽任無情命運的擺布。你開始爲那段在劫難逃的漫長旅程做準備。

❤七十歲的你滿臉皺紋，老態龍鍾，體弱多病，你坐在候車室等待那最後的旅程，想到自己依然活著覺得眞是不可思議。

❤如果有幸捱過了八十歲的話，人們提到這個事實時，總認爲是一個令人驚異的奇蹟，你之所以受到敬重是因爲你是個老古董。

❤這種類比是正確的嗎？年齡和年齡價値之間有什麼聯繫嗎？讓我們斷然宣稱：

出生證的暴政可以被廢黜。

❤一年代表地球繞太陽公轉一周，這個事實跟人類生命的演化毫無關係。

❤活了多大的年齡，只不過意味著季節的循環被你觀察了這麼多次，僅此而已。它並沒有暗示智力狀況或身體狀況的因素。看過那永不停息的天文現象四十次的人，可能比一個只看過三十次的人年輕很多——我們這裡是就「年輕」這個詞的眞正意義而言。

❤讓我們想想黃道帶的劃分吧，它被分爲四個類似的大區：春、夏、秋、冬。春季區對應幼年、童年和青年；這段時期從生命之初到二十一歲，是不承擔責任的、接受教育的時期，這個時候個人接受他人的照料，並爲下一個重要階段而學習。在這一時期，忠誠、孝敬、服從和勤奮被灌輸進正在成長發育的頭腦中。

❤生命的夏季區從二十一歲到四十二歲，是生命的實踐時期，它與一家之主的生活有關，在這樣的生活裡，財富成了一個目標，責任變得更大，生活的責任越來越重，充滿了商業活動。

❤在這一時期，個人身上社會的一面得以表達，他學會了無私奉獻這一課；夏季區裡充滿了生命的豐富，繁榮也隨之而來。這一時期發展出的美德有：細心、節儉、寬厚、慷慨、勤奮和審慎。

❤生命的這一時期受「獅子宮」的控制，生命力燃燒得最熾熱，在家庭生活和社會生活中對夥伴和子女的愛達到了最大的高度。

❤生命的秋季區，是一個這樣的時期：男兒的榮譽和母性的豐富轉向更廣泛的關切，個人的權利爲家庭小圈子之外的那些人的利益而做出犧牲。

❤出於一些在性質上更開放、更利他的動機而開始專注於政府的職責和國家的福祉，渴望去幫助統治和指導那些屬於這個國家的人。應該獲得的美德有：平衡、正義、力量、勇氣、活力和慷慨。

❤這一時期的集中力量由天蠍宮代表，它是自製的情緒、固定的情感和永久的行爲方式的象徵，帶有水屬性的各黃道宮的流動性和變化無常的情緒感受，正變得穩定、可靠和堅固。

❤在生命的下一個階段，經驗不斷獲得，生活的教訓被儲存起來，準備作「自我」（Ego）的養分。在這一階段裡，回顧生平，讓人產生智慧，產生對所有人的同情感；最後三個黃道宮彰顯爲耐性、奉獻、服務、純潔、智慧、溫和與憐憫。

❤在寶瓶宮，心智的集中達到了巔峰，此時，人是完滿的，成年的人性化完美達到了頂點，他的心智完全集中於更高的意識狀態。這就是人性的道德進化的設計。

註解

①乙太：Ether，天空中傳播光、熱、電、磁的一種假想的媒介的物質。

第十四課：上帝的禮物

那些對自己的力量依然一無所知的人，很少得到獎賞——他們很快就會發現，自己是奴隸而非主人，是追隨者而非開創人，是勞動者而非思考者。

❤在一根普通的鐵棒中，分子是雜亂無章地排列在物體內部的。磁路內部自足，不存在外磁。

❤當這根鐵棒被磁化的時候，分子依據引力法則排列：它們繞自己的軸旋轉，所排列的位置更接近於直線，其北端指向同一方向。

❤你看不到鐵分子在磁力作用下改變它們的相對位置，但結果卻表明：改變確實已經發生。當所有分子都繞軸旋轉直至全都對稱排列的時候，鐵棒就被完全磁化了。它不能進一步受到磁的影響，不管磁力多麼強。

❤這根鐵棒如今成了一個磁體，會向各個方向發揮磁力。距離越遠，磁力越弱。

❤把另一根鐵棒置於一個磁體的磁場中，它就會呈現磁體的屬性。這種現象被稱爲「磁感應」。這就是始終先於磁體間相互吸引而存在的作用與反作用。而人就是一個獨立的磁場。

❤電是看不見的媒介，我們只有透過它各種各樣的表現來感知它的存在。你就是一座完美的發電廠。食物、水和空氣提供了燃料；腹腔神經叢是蓄電池；交感神經系統是身體賴以充磁的媒介。睡眠是蓄電池重新充電的過程，生命過程得以補充和更新。

❤男性是正負荷，或電荷；女性是負負荷，或磁荷。男性代表電流、力與能量，女性代表電容、阻抗與功率。

❤當一個異性進入你的磁場的時候會發生什麼呢？首先，引力法則開始發揮作用。其次，透過感應過程，你被磁化，帶有了你所接觸的那個人的屬性。

❤當另一個人進入你的磁場的時候，一個人傳遞給另一個人的會是什麼呢？是什麼導致整個交感神經系統顫慄、興奮呢？那是細胞在重新排列自己，以便運送一個人傳遞給另一個人的能量、生命和活力，這些都是你透過感應過程接收到的。你正在被磁化，在這個過程中，你帶有了你所接觸的那個人的品質和特性。

❤在人傳給人的磁性當中，傳遞的是遺傳與環境儲藏在你所愛的人的生命中的所有的快樂，所有的悲痛，所有的愛，恨，音樂，恐懼，痛苦，成功，失敗，雄心，勝利，敬畏，勇氣，智慧，品德和美。因爲它不亞於愛：引力法則就是愛的法則，愛就是生命，正是這一經驗激勵了生命，使之投入行動，正是借助這一經驗，性格的遺傳和命運被決定了。

❤當你的生命中開始充滿這些愛、成功、雄心、勝利、失敗、悲痛、憎恨或痛苦的想法的時候，你是否立刻意識到了它們呢？絕對沒有。爲什麼沒有？答案非常簡單、容易理解：大腦是顯意識心智的器官，它賴以接觸顯意識世界的方法只有五種。這些方法就是五種感官：視覺、聽覺、嗅覺、味覺和觸覺。但愛這種東西，我們看不到，聽不到，嚐不到，嗅不到，也摸不到。因此它顯然是一種潛意識活動或情緒。然而，潛意識有它自己的神經系統，它借助這一系統跟身體的各個部位相聯繫，接受外部世界的感覺。這個機體是完整的；它控制著所有的生命過程：心臟、肺、消化、腎、肝和生殖器官。大自然顯然讓這些不受顯意識心智的控制，並把它們置於更可靠的潛意識的控制之下，在那裡不會有干擾。

❤在那裡，身體接觸得以完成，完全不同的情境得以創造。在這一情形下，我們也會透過觸覺器官讓腦脊髓神經系統運轉起來。你應該還記得，顯意識心智有五種方法接觸外部世界，觸覺器官就是其中之一，實際的身體接觸不僅激發交感神經系統，而且也激發腦脊髓神經系統。

❤由於大腦是腦脊髓神經系統的器官，你立即意識到了任何這樣的行動。所以，當情緒或感覺被精神接觸和身體接觸喚醒的時候，我們就讓身體中的每一根神經活動起來。

❤由這些交往所產生的交流，應該是有益的，是令人鼓舞、讓人充滿活力的，如果交往是理想的、建設性的，情形就是這樣。這是一種在意識和生命中產生影響的交往，植物、鳥和動物的雜交中所蘊含的力量和用處就是其典型代表。這個結果意味著額外的力量、效用、美、財富或價值。

❤引力法則在無窮的時間裡運轉，以生長的形式彰顯自身。引力所帶來的一個基本的、不可避免的結果，就是把互相之間有親合力的事物帶到一起，持續不斷地促進生命的生長。

❤你想必已經發現，當異性進入你的磁場裡的時候會發生什麼。現在，讓我們想一下，當其他同性接近你的時候會發生什麼呢？

❤所有的人類交往都是一個適應的問題，在決定彼此之間的關係應該怎樣時，你將是因素之一，它取決於你決定自己是否應該在新的關係中成爲支配性因素。

❤如果你給予，那麼你就是正極因素，或者說是支配性因素；如果你接受，那麼你就是負極因素，或者說是接納性因素。

❤每個人都是一個磁體，都有正極和負極，都帶有這樣的傾向：它們驅使自發的對接近或被接近的共鳴或排斥。

❤通常情況下，正極領路，兩個來自相對方向的正極互相接近的話，就預示著衝突。

❤生命的根本原則是和諧。在你的生命之路上潛藏著不和諧與阻礙。它們使深藏於每一次經歷中的和平本眞晦暗不明，但隨著你的閱歷的增長，你就能夠在表面上的惡中辨識出善，你的吸引力就會成比例地增加。

❤當你被磁化到「飽和點」的程度時，你就可以決定你與其他人的關係，以及他們與你的關係。

❤任何磁體都有這樣的力量：它引發與力量較小的磁體形成和諧的聯合。這是透過導致一個磁體的極性逆轉而實現的。然後，不同的磁極就會平靜、和諧地走到一起。

❤正極較強的磁體，會迫使正極較弱的磁體成為支配它的較大力量的接受者。

❤較弱的磁體可以被迫接受壓倒性的影響。它認識到，這種逼迫性的力量要求它反轉自己的極性。它把自己的正極打發走，讓它的負極朝向更強磁體的正極，兩個磁體便在和諧的關係中相遇了。

❤然而，負極磁體有更高明的認識，並不想佔支配地位。它擁有更大的智慧，對強力的使用不屑一顧。

❤它多半更願意調和，或者是希望接受，而不是給予。它並不用強力迫使較弱的磁體去適應強加給它的環境，較強的磁體可能會自願地反轉自己的磁極。

❤如果你是一個靈魂博大的人，你也許會憑藉直覺知道到底是該行使強制力還是非抵抗力。使用強制力的地方，作為結果的和諧是一種無意識的、暫時的屈服；非抵抗力的方法因為它所給予的自由感從而產生更牢固的結合。

❤如果你在精神上得到了高度的發展，並同樣被賦予了智慧的力量，你就可以最大限度地使用後者。在這種情形下，你既不會拋棄理性，也不會丟棄邏輯，因爲在你對生命數學的理解中，你會根據自己所要解答的問題的要求，而靈活運用精神幾何、心理代數和身體算術。

❤你會發現，存在就包括不斷再現的適應、妥協和反轉極性的機會。你可以透過默認的屈服逃過強制，可以透過引發愉快的默許從而避免使用強制力。你可以命令並強求不情願的服從，你也可以引發和接受自願的合作。你可以促成和諧、創造友誼，你也可以培植會起反作用的憎恨，作爲最終必須履行的義務。

❤理解人這種磁體的屬性，將使你能夠解決生活中的許多問題。

❤衝突和反對有它們自己的位置，但一般說來，它們構成了必須避免的障礙和陷阱。

❤你會發現，你總是可以透過反轉你自己的極性或者迫使你潛在對手反轉他的極性，從而避免無用的反對和無益的衝突。

❤事實上，你正在受到那些不可改變的、僅僅爲了你的利益而被設計出來的原則的親切關照。

❤你可以讓自己與它們處於和諧的關係中，並因此表達一種相對平和與幸福的生活，或者，你也可以把自己放在跟不可避免之事相對立的位置上，從而必然帶來令人不快的結果。

❤你決定著你跟所有這一切的有意識的關係。你允許一些交往進入你的生活，你透過這些交往獲得幸福或者不幸，你表達著這些幸福或不幸的準確程度。

❤你可以迅速而輕易地從經歷中積聚智慧，或者，你也可以緩慢而艱難地這樣做。

❤當你開始感知到你所吸引的東西的意義時，你就能夠有意識地控制自己的境遇，能夠從你的進一步成長所需要的每一次經歷中汲取有用的東西。

❤當你擁有的這種才能達到很高程度的時候，你就可以迅速地成長，達到新的思想層面，更大的機會在那裡等著你。它在每一連續的層面上爲你保留著，使你能夠學會如何表達更大的和諧，你高度的成長把這些和諧置於你能夠到達的地方。

❤如今，你進入了基礎、根本、積極的生活原則的邊陲。幾年前你還很少認識到環繞在你周圍的無數振動——比如電、磁、熱和光的振動——如今，對這些振動的控制和利用讓你沒法閒下來。這些振動會展現一種非凡的心智，而這種非凡的心智深謀遠慮，能從開始看到結局。

❤心智是萬物之源，在這個意義上，心智的活動是萬物形成最初的因。這是因爲，萬物最初的泉源是宇宙心智中一個相應的想法。正是事物的本質構成了它的存在，而心智的活動就是這種本質賴以成形的因。

❤一個觀念就是心智中孕育的一個想法，這一理性的思想形態是形態之根，在這個意義上，這一思想形態是最初的形態表達，它作用於「物質」，導致它形成。

❤除了觀念（或稱理想形態）之外，任何東西都不可能在心智中形成。這樣一些觀念作用於普遍心智，並產生相應的形態。

❤數百年來，生命的一個目的，像低級動物和植物的目的一樣簡單，就是自我保護和繁衍後代的簡單目標。人類生命滿足於最簡單的有機體的功能、營養和繁殖。饑餓與愛，只不過是他們的行爲動機。長期以來，他們必定是緊盯這個單一目標：自我保護。

❤在我們的血統賴以延續的道路上，特定的世系得以傳遞，特定的特徵得以確立。我們既沒有失去前者，也沒有丟掉後者，因爲無論是世系還是特徵，都是一代接一代地投射的。世系從未斷裂過，儘管我們看不見它。它們也從未突然改變爲其他類型的表達。特徵也從未失去過，古往今來，它們連續不斷地一代接一代地向下投射。

❤我們可以提取、分解、混合所有在建構能量的過程中，被用作傳送者或媒介物的那些元素，但我們如果不把能量集中於特徵世系（它們是必須首先建立的創造性土壤），那我們就找不到能夠產生堅果、果子，甚或芥菜籽的元素。

❤特徵世系是看不見的軌跡，大自然透過它把建設性的能量注入到每一創造的元素和事物中，從眞菌的層面到擁有智慧和靈魂的人的層面。

❤以最高的表達形式，引力法則在愛中得以表達。它是一種宇宙法則，一視同仁地支配著那些表面看來是無意識的礦物與植物間的親合力，動物的激情，以及人與人之間的愛。

❤愛的法則是一種純科學。最古老、最簡單的愛的形式，是不同細胞之間的選擇親合力。愛的法則高於所有法則之上，因爲愛就是生命。

❤進步是大自然的目標，而利他則是進步的目標，人們發現，「生命之書」所講述的，就是˙個愛的故事。

第十五課：生命之橋

誕生在這個世界上的每一天，都像一首突然爆發的樂曲一樣，並且整天都在鳴響。你應該伴著它跳一支舞蹈，唱一曲輓歌，或者隨心所欲地邁開生活的步伐。

——卡萊爾

❤生命並沒有被創造——它僅僅只是存在。萬物都因爲我們稱之爲「生命」的這種力量而充滿生機。在這一物理層面上的「生命現象」（我們所關注的主要是這個），是「能量」退化爲「物質」而產生的。

❤活組織是有組織的物質——或者說是有機的物質。死組織是無組織的物質——

或者說是無機的物質。當生命從有機體中消失的時候，分解也就開始了。

❤組織需要高頻率（或者說短波長）的振動，高強度的運動。組成組織的分子處於連續的活躍狀態。結果是，這些組織表現出了我們所說的「生命」。

❤衰老是死亡過程的一部分，它是由「土鹽」——或者說是所謂的「礦物質」——的積聚而導致的。這種礦物質通常由沉澱在動脈壁上的石灰和白堊組成。這些動脈接下來便會變硬、鈣化，並失去彈性。

❤宇宙是由振動建構起來的。也就是說，每一事物所具有的特殊形態（無論是大還是小）都絕對歸因於表達它的特殊的振動頻率。那麼，無論是在整體上，還是特別地，宇宙都是一個振動體系的結果。換言之，天體音樂以我們命名為「宇宙」的那種形態表達自己。

❤這一振動表達著智慧。這不是我們所理解的那種智慧，而是一種負責指甲、頭髮、骨頭、牙齒和皮膚的生長的宇宙知識。所有這些過程都一直在進行，不管我們是沉睡或是清醒。

❤每一事物中都充滿了意識或智慧，其所特有的東西僅僅在特性上與其他事物不同，因為只有一種普遍意識，或普遍智慧，而它的表達卻多種多樣。岩石、魚、動物、人，全都是普遍智慧的容器。它們僅僅是以不同的形態彰顯了宇宙物質——以不同的運動速度或振動頻率結合起來。

❤心智是一個振動系統。大腦是一個振動器。思想是每一特殊振動在透過必不可少的細胞結合表達出來時的有組織結果。限制心智思考範圍的東西，並不是細胞的數量，而是其振動的適應性。

❤正是透過普遍心智，「思想的種子」才得以進入人的大腦，所以，普遍心智孕育著思想，而思想變成了一股能量流——在人的心智中是向心的，在普遍心智中是離心的。這些思想的種子有一種發育、萌芽、生長的趨勢。它們就這樣形成了我們所謂的「觀念」。

❤當一幅精神圖景在腦海中形成時，符合這幅圖景的振動頻率立即在能媒中被喚醒。然而，這種振動是向內還是向外，取決於發揮作用的是意志還是願望。

❤如果是意志發揮作用，振動就向外，力的原則得以運轉；如果是願望發揮作用，振動就向內，引力法則得以運轉。無論在哪一種情況下，因的法則都是透過具體化原則或創造性原則來表達自己。

❤總有一天，人類將能夠讓身體免受疾病的傷害，阻止年老體衰的平常過程——

甚至在身體過了百年之後依然永保青春，這個日子指日可待。

❤不朽，或者說永恆的生命，是最受歡迎的希望，是合理的目標，是每個人類生命與生俱來的權利。但所有宗教中的大多數人——還包括那些根本沒有宗教信仰的人——似乎都認爲，不朽應該是在未來的某個時期、在另外某個存在層面上獲得的。

❤每一個在身體和精神上都很健康的人類生命，都有一個與生俱來的願望，這就是：盡可能活得更長。就算世界上有人不想活下去，那也是因爲他處在某種身體或精神的反常情境中，或者他預料會遭遇這樣的情境。

❤事實上，個體的文明和發展程度越高，對生命的願望與渴求就更強烈，任何與生俱來的渴望，其目標不可能是個無法實現的東西。「人一旦學會了在身體中建立正確的原生質反應就會永遠活下去。」托馬斯·愛迪生說：「我有很多理由相信，人類長生不老的那一天終會到來。」

❤人的血肉之軀中有七分之五是水，而組成身體的物質包括蛋白、纖維、乾酪素和膠質。它包含了最初由四種基本元素所組成的有機物質：氧、氮、氫和碳。

❤水是兩種氣體的化合。空氣是幾種氣體的混合。因此，我們的身體是由這些一轉化了的氣體所組成的。我們的肉身在三、四個月之前沒有一樣東西是存在的——臉、嘴、手臂、頭髮，甚至指甲。

❤整個生物體僅僅是一股分子流，一團不斷更新的火焰，一條這樣的溪流：我們一輩子都在看著它，卻絕不會再次看到同樣的水。這些分子互不關聯，並借助同化而不斷更新，這種同化受到吸收它的非物質力量的指揮、控制和組織。

❤我們給這種力量取名曰：「靈魂」，偉大的法國天文學家、物理學家、生物學家和玄學家卡米爾·弗拉馬里翁是這樣寫的。

❤「生命之橋」，這個肉體再生的象徵符號，一直被用在歌曲、戲劇和小說中。帕拉塞爾蘇斯、畢達哥拉斯、萊克格斯、瓦倫丁、華格納，以及古往今來一長串絡繹不絕的先知先覺者，都曾與這個「斯芬克斯之謎」異口同聲地吟唱他們的史詩，在斯芬克斯的卷軸上寫著：「或者給我答案，或者死去。」

❤這個答案，或許就潛藏在對那些腺體的特性的理解中，正是這些腺體，控制著身體和精神的生長，以及所有至關重要的新陳代謝。這些腺體支配著所有的生命機能和身體中的那些關係密切的合作，這種關係或許比得上連鎖董事會。

❤它們提供了內分泌——或稱荷爾蒙，這些內分泌決定了我們是高是矮，是儀表堂堂還是相貌平平，是聰明還是愚鈍，是乖戾還是溫順。

❤世界上最偉大的思想家之一威廉・奧斯勒爵士說：「人的身體就是一個由工作細胞所組成的嗡嗡叫的蜂房（譯者注：英文中的細胞還有『蜂房的巢室』的意思），所有細胞都受大腦和心臟的控制，都依賴於一種被稱作『荷爾蒙』的物質（由一些很小的、看上去很不起眼的組織分泌出來），它們潤滑著生命的車輪。例如，摘除剛好位於喉結之下的甲狀腺，你就剝奪了使人的思想引擎得以運轉的潤滑劑。這就像你切斷了發動機油路一樣，逐漸地，他的大腦中所儲藏的知識不再可用，不出一年，他就會陷入癡呆。皮膚的正常活動也終止了，頭髮脫落，面部腫脹，完美的人變成了不成樣子的諷刺畫。」

❤有七種主要的腺體：腦垂體、甲狀腺、胰腺、腎上腺、松果腺、胸腺和性腺。所有這些腺，控制著身體的新陳代謝，支配著所有的生命機能。

❤腦垂體是一個很小的腺，在頭的中央附近，直接位於第三腦室之下，不起眼地靠在頭骨的底盤上。它的分泌液在調整碳水化合物、維持血壓、刺激其他腺體以及維持交感神經系統的強健上扮演著重要的角色。

❤甲狀腺位於頸的前底部，在兩側向上擴展，略呈半圓形。甲狀腺分泌液在調整蛋白質和碳水化合物上都很重要；它刺激其他腺；幫助抵抗感染；影響頭髮的生長；並影響消化和排泄器官。無論是在身體的全面發展上，還是在精神的機能上，它都是一個強有力的決定因素。穩定而均衡的甲狀腺會確保積極、有效、協調平穩的心智和身體。

❤腎上腺剛好位於後腰的上方。這些器官有時被人稱作「美腺」，因爲它們的功能之一就是以合適的溶液和配給保持身體的色素。但更重要的是腎上腺分泌液在其他方面的作用。這些分泌液包含了一種最重要的血壓媒介，是交感神經系統的滋補劑，因此也是不隨意肌、心臟、動脈和腸的滋補劑。這些腺能對某些情緒刺激作出反應，立即增大分泌量，因此也增加整個系統的能量，讓它爲有效的回應做好準備。

❤松果腺是一個很小的圓錐形結構，位於第三腦室的後面。古人早就認識到了松果腺的至關重要，稱之爲「精神的中心」，是靈魂的棲息地，很可能也是永恆青春和不朽生命的所在地。它位於腦袋的後面靠近頭頂的地方。

❤胸腺位於（或靠近）咽喉的底部，剛好在甲狀腺的下方。它被認爲只有對孩子才是必不可少的，但是，胸腺的退化有沒有可能是早衰的原因之一呢？

❤胰腺剛好位於腹膜的後面，緊挨著胃部。胰腺幫助消化，當它沒有恰當地發揮作用的時候，就可能產生過量的糖，導致糖尿病及其他嚴重的疾病。

❤性腺位於腹的下部。正是透過性腺的作用，生命得以創造，繁殖的過程得以繼續。當這些性腺的分泌液沒有被用於生殖目的的時候，它們就會注入到細胞的生命中，使能量、力氣和活力得以更新。如果它們沒能正常發揮作用，就會出現抑鬱和虛弱。

❤那麼很清楚地，如果我們能找到某種辦法，讓這些性腺繼續發揮作用，我們也就能無限期地恢復我們的健康、力量和青春。之所以這樣，是因爲甲狀腺發展著生命能量，腦垂體控制著血壓並發展著精神能量，胰腺控制著消化和身體活力，腎上腺提供了精力和雄心，而性腺則控制著那些彰顯爲青春、力氣和力量的分泌液。

❤如果我們還記得，來自太陽的光線被七顆不同的行星分爲七種不同的色調、顏色或品質、而它們又透過沿著脊柱七個神經叢進入人體系統的話，那我們就能更好地理解腺的機制了。如今我們發現，生命被帶向了身體中的七個主要腺體，它控制並支配著生命的每一項功能。然而很不幸地，普通的窗戶玻璃實際上不能接受紫外線，而對於維持健康和活力，紫外線是必不可少的。很少有療養院和醫院裝配石英玻璃窗戶，這種玻璃允許紫外線進入。

❤當這些分泌腺體得到我們迄今爲止一直頗爲缺乏的紫外線的補充的時候，結果將是非凡程度的活力——精神的活力和身體的活力。事實上，我們已經知道，膽固醇可以透過紫外線的作用而被轉化爲維生素，很可能，其他的惰性物質也可以用同樣的方式啓動。我們還發現，紅外線也是一種非常珍貴的治療媒介。某些編織物被用來過濾這些紅外線。

❤從幾個世界頂尖科學家所做的實驗中可以推演出這樣的結果：人的肉身之軀是可以變得如此純淨而敏感，以至於可以繼續世世代代活下去，沒有死亡。身體的收入和支出可以被調整得如此完美，以至於生物體不會變老，而是會日復一日地重建。

❤透過非常簡單的注意衛生，我們就能延長每一生命的彰顯。因此，我們有理由相信，完全認識到了振動的力量以及它對身體結構所產生的影響，將會幫助生物體使生命得以永久彰顯。

❤死亡並不是生命必然的、不可避免的結果或屬性。死亡在生物學上是一個相對較新的東西，它只有當生物在進化的道路上前進了一段漫長的路程之後才會出現。

❤在臨界的實驗觀察下，單細胞生物體已經被證明了是不死的。它們透過簡單的身體分裂來實現繁殖，一個個體變成了兩個。倘若細胞的環境一直保持有利的話，這個過程可以無限期地繼續下去，細胞分裂的速度沒有絲毫鬆懈，也無需起死回生的過程介入。一切有性別區分的生物體，在類似的意義上，其生殖細胞也是不死的。一言以蔽之，我們可以說，受精卵產生一個軀體以及更多的生殖細胞。軀體最終會死去。某些生殖細胞則在此之前就產生了軀體和生殖細胞，如此循環往復，連續不斷，自多細胞生物體出現在地球上以來，迄今為止尚未終結。

❤只要繁殖以這種方式在多細胞生物形態中繼續下去，就沒有死亡的存身之地。在無限期的時間長度裡，成功地培養出更高級的脊椎動物的組織，證明了死亡並不是細胞生命必然的伴隨物。

❤我們完全可以說，身體中所有基本細胞元素潛在的不朽，或許已經被充分證明，或許足以讓可能性變得非常之大。綜合歸納最近二十年細胞培養工作的結果，我們很有可能得出這樣的結論：多細胞動物身體中所有基本組織的細胞潛在地都是不死的，正如當我們把它個別地置於這樣一種條件下所顯示出來的那樣：適量提供合適的食物，及時除去新陳代謝的有害產物。

❤那麼，更高級的多細胞動物爲什麼不能永遠活下去呢？一個基本的原因看來應該是：身體作爲一個整體，由於其細胞和組織在功能上的分化和專門化，任何個別的部分都沒有找到使之繼續生存下去所必不可少的條件。身體中的任何部分，其生存的必需品都依賴於其他的部分，或者依賴於作爲整體的身體的組織。正是組成多細胞動物身體的細胞和組織的互相依賴的集合體，在功能上的分化和專門化，導致了死亡，就單個細胞本身而言，其中並沒有任何與生俱來的、不可避免的死亡過程。

❤當細胞顯示出典型的衰老變化時，那大概是它們在作爲整體的身體中互相依賴的聯合的結果。在任何特殊的細胞中，這種變化根本沒有發生，因爲事實上細胞本來就是老的。這種變化，只有當細胞被排除出作爲整體的有組織身體的互相依賴關係的時候，這種變化才會在細胞中發生。簡言之，死亡看來並不是個體細胞生理學機理的基本屬性，更多的是作爲整體的身體的基本屬性。

❤最近的研究清楚地表明，人體中的組織和細胞未必一定要腐爛。從前人們都認爲，沒有辦法避免衰老，細胞注定要因爲年華老去而瓦解，這只不過意味著損耗。然而，從現代科學的觀點看，這種觀點不再被人們所贊同。對分泌腺所進行的科學研究讓很多唯物論者相信：人的細胞能夠連續不斷地返老還童，或者被取代，像老年期這樣的事情能夠避開幾百年。

❤眾所周知，獲得寶貴的經驗要花上一輩子的時間。那些大工業的領導者常常已經六十幾歲，人們總是想盡辦法要得到他們的忠告，因爲在這麼些年裡，他們獲得了最寶貴的經驗。因此，延長生命的長度看來非常重要，而且事實上，眼下有種種跡象表明，這是可以做到、也必將會做到的。

❤我們一些最優秀的權威人士也看不出一個人有什麼理由不該活到幾百歲的高齡。這不是什麼非凡的本領，而是被看作是一個合理的平均水準。誠然，如今有人活到了一百二十五歲，但這些當然只是例外。醫學家斷言，未來總有一天人的壽命可以達到二百歲的目標。我們只要停下來想一下，以前人的平均壽命通常是四十歲，到如今，我們認爲五十歲的人正當年富力強的時候，而五十年後，一個人的盛年也許會是一百歲或一百五十歲亦未可知。

❤神經是一些纖細的線，有著不同的顏色，每一根神經對某些有機物質（比如油或蛋白）都有其特殊的化學融合力，借助並透過這種融合力，生物體得以具體化，生命過程得以持續。

❤不難想像，這些精密細緻的纖維就是「人類豎琴」的琴絃，分子礦物質是「無窮能量」的手指，撥響某首「聖歌」的美妙音符。

第十六課：世界上最偉大的宗教

宗教不只是虛妄的，它們所凝結的，正是人類有史以來最深刻、最偉大的思想。這些思想已經成為我們身心的一部分，為我們所遺傳，為我們所承繼，亦為我們所弘揚。

猶太教

❤巴勒斯坦那片舉世聞名的土地，是一塊狹長的鄉村地帶，擁有許多富饒肥沃的河谷與高山，位於地中海以東、阿拉伯沙漠以西。它寬七十英里，長一二五英里——跟密蘇里州的面積大致相同。

❤死海就位於這片土地上，在海平面一三〇〇英尺之下，赫爾蒙山也在這裡，高出海平面九一六六英尺，從十一月到次年八月，山上一直覆蓋著積雪。

❤這片著名的土地，以及它千變萬化的氣候，在那個對世界產生過巨大影響的宗教誕生的過程中，扮演了一個英雄的角色。

❤《聖經》中的早期書卷，其寫成的年代比人們普遍猜想的要晚得多，《創世記》中希伯來族長的故事，主要由後來部落史中的傳說所組成。

❤傳說顯示，早期的希伯來民族由四個部落組成，據說這四個部落源自四位母親，其中兩個部落被認爲是重要的：「利亞」部落與「拉結」部落（利亞的意思是母野牛，拉結的意思是母羊）。

❤這些究竟是圖騰符號還是經濟符號，人們的觀點莫衷一是。利亞部落可能是養牛的，而拉結部落則可能是養羊的。有案可稽的時間大約在西元前一三〇〇年。很有可能，流落埃及並且後來被摩西帶出來的，僅僅是拉結部落。

❤以此類推，很有可能，這些部落的宗教，在他們進入巴勒斯坦之前，跟他們周圍其他部落的宗教並無本質的不同，因爲，原始的閃米特人的柱子、環境、閨房等等到很久之後才因爲他們而變得不朽。因此，認爲他們的宗教類似於周圍部落的宗教是合理的。每個部落都可能有它自己的神，我們讀到的上帝「God」很可能就是阿舍部落的上帝。基尼人的上帝是「雅赫維」（Yahweh）或「耶和華」（Jehovah），古代希伯來作家說，這一崇拜可以追溯到最早的時期。

❤這個早期的上帝很像那個年代許多其他的神，想來應該是「生殖神」，而據說意思是「導致熱烈愛情的神」。他們把所有的活動都歸到祂的身上，像火山爆發、打敗敵人等等。

❤有跡象證實，在摩西之前的幾千年裡，耶和華可能一直是阿拉伯北部的一個神的名字，那些漂泊的移民從這一地區漫遊到巴比倫和巴勒斯坦，把這個名字以及對他的崇拜帶到了那些國家。

❤或許，這部歷史中最偉大的人物要算是摩西了，在希伯來民族飽受奴役的時期，他生於埃及，長於埃及。在那裡，他成爲一位公主的養子，公主培養他接受了埃及的所有知識，但他只能眼睜睜地看著他的人民受壓迫。據記載，有一天他殺死了一個埃及人，然後，因爲害怕報復，便逃到了米甸人——基尼人的國家，並在那裡生活了許多年。

❤在此期間，他娶了葉忒羅的女兒爲妻。葉忒羅是耶和華的祭司。面對耶和華的火山那「燃燒的火叢」，耶和華的力量與威嚴給他留下了如此深刻的印象，以至於他也成了一個信徒。他回到了埃及，向他的飽受奴役的人民布道，給他們指出一條透過耶和華的力量逃出埃及的道路。

❤逃離成功了，在火焰山，他們立了一份「盟約」，耶和華成爲他們的神，得到他們的侍奉。後來，摩西和他的兄長亞倫都被推舉爲祭司，盟約被放在一個盒子（或稱約櫃）裡，可以輕易地從一個地方帶到另一個地方，它包含了神聖的象徵，是耶和華與他們同在的象徵。

❤他的新職責就是總結出一部由十條法律組成的法典——如今我們稱之爲「十誡」，大多數人認爲應該是十條，因爲這個尚未成年的種族能用他們的手指把這些法律逐條數出來。這是一部道德法典，有著嚴格的數學基礎。最値得注意的是，這部法典經受住了時代的檢驗，至今依然被很好地遵守著，並被包含在今天地球上大多數國家的法律中。

❤有一點倒是眞的，無論是同時代的宗教，還是後來的宗教，摩西所提出的法律，它們實際上大部分都有，但不知何故，摩西的這些法律尤其突出，並且幾乎被所有國家用來作爲法律的基礎。

❤耶和華強烈要求「一個上帝」的觀念（或稱「一神論」），這是頭等重要的倫理教義。其次是人與人之間的正義。他最早的祭司堅持犧牲與正義的觀念。後來的祭司則講到耶和華的愛。「耶和華選以色列人作新娘」，她對他的不忠是卑劣的忘恩負義，深深地傷了他的心。

❤後來的祭司講到了一位新的導師將要出現，講到了彌賽亞，講到了心靈的改變與宗教的內在性。以賽亞與耶利米兩位祭司的教義，對於解除時代給宗教戴上的枷鎖居功闕偉。

❤以色列宗教的發展——從原始閃米特人的起點到猶太教的形成——是人類歷史上最重要的篇章之一。因爲在其他國家，像在埃及一樣，一神論的觀念只被少數人所理解。只有在以色列，它才被人民所擁有。正是因爲這一點，希伯來宗教才成爲世界上三大一神論宗教之母，這三大宗教是：猶太教、伊斯蘭教和基督教。

❤耶路撒冷是「耶和華的聖城」，直到今天依然是。但是，追尋希伯來人漫長的歷史——他們的崛起與衰落，他們的被俘與返回，他們的民族進化，以及他們最後「散落列國」——並不是我們的目的。

❤人始終是一種漂泊的動物，跟其他民族接觸總是給本民族帶來麻煩。我們讀到過猶太人與撒馬利亞人之間的摩擦，以及後來與波斯、巴比倫、希臘及羅馬之間的摩擦，然後，他們感覺到了不同的生活潮流以及撼動世界的思想的影響。

❤這些外族的聖賢與先知、哲學家與詩人，都有他們自己的份量，我們在所羅門的《箴言篇》與大衛的《詩篇》中看到了結果，在《傳道書》中注意到了希臘人的思想。

伊斯蘭教

❤麥加城是科雷希人的一個強大部落的所在地，是所有阿拉伯人每年都要來舉行慶典或者來做買賣的地方。

❤正是在這樣的環境下，穆罕默德於西元五七〇年出生於麥加城。

❤在他出生之前，一個教派突然脫離了古老的宗教，聲稱他們在尋找亞伯拉罕的信仰。

❤穆罕默德似乎一直喜愛神祕的東西和宗教的東西。五十歲前他一直生活在麥加，在此期間，他結了婚，有了六個孩子，二個兒子，四個女兒。有段時間，他被一些嚴重的懷疑弄得心神不安，於是便離開了家庭和麥加，用了兩年的時間在一個洞穴裡祈禱、冥思，最後帶著一種強烈的信念回來了，他相信：神授命他做人民的先知，他立即開始了長達十年的傳教，在此期間，他只吸引了很少的追隨者。然而，他們都是一些忠誠的追隨者——到最後人數有所增加。

❤他最重要的教義是：神的「一體性」和「唯一性」。

❤這個神，他稱之爲「阿拉」，意思是「上帝」。

❤他把神看作是一個「偉大的人」，或者是卓越超凡的人——祂有手、腳、眼睛以及所有其他人類的特徵。

❤祂是智慧的、強大的，是世界的絕對君主。

❤對人來說，試圖去理解祂是徒勞的，但是，人如果服從祂的意志，祂會是仁慈的。

❤接下來要講的教義是，穆罕默德是神的先知——「穆罕默德之後沒有先知。」宗教將給人帶來和平，有一個單詞，它的阿拉伯語詞根是「Salama」，其使役詞是「Islam」——即「服從」。在他宣講服從的信條時，他把他的宗教稱作「Islam」

（伊斯蘭）。

❤隨著時間的推演，他給這些教義增加了很多物質的教義，作爲賞罰。信者得到的獎賞是物質的天堂，那裡有妻妾成群的後宮；不信者則在物質的地獄飽受折磨。《可蘭經》裡的兩段經文清楚地說明了這一點：

行善者，只受善報。你們究竟否認你們的主的哪一件恩典呢？次於那兩座樂園的，還有兩座樂園。你們究竟否認你們的主的哪一件恩典呢？那兩座樂園都是蒼翠的。你們究竟否認你們的主的哪一件恩典呢？在那兩座樂園裡，有兩洞湧出的泉源。你們究竟否認你們的主的哪一件恩典呢？在那兩座樂園裡，有水果，有椰棗，有石榴。你們否認你們的主的哪一件恩典呢？……多福哉，你具尊嚴和大德的主的名號！（《可蘭經》第五十五章第六十至七十八節）

❤這麼多的獎賞眞是美不勝收，但也要注意下面這些懲罰：

不信者已經有為他們而裁製的火衣了，沸水將傾注在他們的頭上，他們的內臟和皮膚將被沸水所溶化，他們將遭受鐵鞭的抽打。他們每因愁悶而逃出火獄，都被攔回去。你們嘗試燒灼的刑罰吧！（《可蘭經》第二十二章第十九至二十二節）

❤由於麥加人有些討厭穆罕默德，他便從那裡逃走，去了麥地那。這在伊斯蘭教中是一個關鍵點，因爲從此以後，他們的時代被刻上了標記。在麥地那，穆罕默德被接受爲他們的統治者，伊斯蘭教也有所改變。

❤一段時間裡，照他的慣例，他繼續面向耶路撒冷祈禱，因爲他殷切地希望猶太人（他們當中有很多人在麥地那）能接受他，作爲他們的祭司的繼任者。就這一點而言，他悲哀地失望了。

❤於是，他改變了祈禱的方向，從耶路撒冷轉向了麥加——阿拉伯人的理想很快就變得比耶路撒冷和以色列的理想更有影響力了。

拜火教

❤有一些更古怪的宗教，它們有這樣的觀念：就是留意去看信奉這一宗教的人所相信的東西。如果我們讀到這些宗教的教義，我們或許會得到一個錯誤的想法或概念，因爲時間和地點是其教義的一個重要指標。

❤拜火教誕生於波斯，這是一個偉大的高原國家，面積大約相當於美國的四分之一。它幾乎被蒼莽的群山所環繞，通向外地的只有一些岩石嶙峋的隘口。它只有很少的幾條河流，全都消失在沙質土壤裡。

❤因爲據說索羅亞斯德是偉大的農業神，所以我們能夠更容易地看出：農業爲什麼成了宗教職責的一部分。

❤在這片高原上，與大自然之間的抗爭產生了一個能幹而務實的民族，在一般性格上跟羅馬人並沒有什麼不同。但要注意，他們的印度親戚卻大不相同，那裡的氣候更溫和。在那裡，你看到了沉思、冥想、高度神祕的性格；但波斯人直到最後都一直保持著活躍、機警的身體，他們對客觀事物比對神祕事物更有興趣。所以，他們被交給了一個能觸及他們的頭腦、心靈和才幹的教師和師父——索羅亞斯德的教義完全不同於所有其他宗教。

❤所以，《阿維斯陀經》（或稱《知識書》）寫成於索羅亞斯德的時代很久之後，但它以詩歌的形式（跟我們的讚美詩並無不同）傳達了他的教義和理想。這些構成了他們的宗教。

❤古老的伊朗宗教依然在發揮著影響，而索羅亞斯德則反對這些，阿胡拉在索羅亞斯德那裡變成了阿胡拉——瑪茲達——火神。所以，他這樣對他的人講授天文學：太陽之火是所有活物的生命。

❤索羅亞斯德最初被稱作「查拉圖斯特拉」。這兩個名字無疑都是指稱職務，而不是指稱人，就像我們的「總統」或「法官」一樣，但可以肯定，必定有一位偉大的索羅亞斯德，一位有著新理想、新體系的索羅亞斯德。

❤大約二十歲的時候，他離開了夥伴們，隱居不出，思考自己的信仰，無疑也開始總結他的體系的一般信念；像耶穌一樣，我們再一次看到他的時候，他已經三十歲，獲得了一些幻象和啓示。

❤在一個每天重複三次的幻象中，他獲准來到阿胡拉——瑪茲達——最高存在的自我的面前，在天國接受他的教誨。

❤在索羅亞斯德回到地上之後，他立即開始對當時佔統治地位的先知們宣講他自己的宗教，祭拜瑪茲達，讚美天使，抨擊魔鬼等等。

❤後來，他又得到了六個幻象，在這些幻象中，每個天使都出現在他的面前，而且都有了人格化的品質，比如「善思」、「善言」、「善行」，等等。

❤索羅亞斯德是個實踐上的一神論者。在他的思想裡，阿胡拉——瑪茲達就是一個最高的神。

❤他在這方面很老練，他把這些理想跟新的解釋結合起來，以減輕它們給新的皈依者所帶來的冒犯和衝擊。

❤他教導信眾，人有兩種天性：動物性和神性。透過實踐「善思」、「完美的宗教」等等，人可以最終與瑪茲達合而爲一，對於那些正在嘗試的人，瑪茲達會給予幫助，如果他們提出請求的話。

❤他認爲，人是自己命運的仲裁者；你能夠做正確的事，只要你願意。

❤正確的事就是誠實，就是實踐正義，就是促進農業。

❤錯誤的事就是說謊、劫掠，就是破壞水利、牲畜和作物。

❤獎與懲同樣都是這些行爲的結果。

吠陀教

❤印度，從北邊的喜馬拉雅山，一直延伸到南邊的印度洋，呈現出不同的溫度和氣候。它是一個大三角地區，南北一千英里，東西的距離幾乎一樣。

❤然而，吠陀教的發生地點卻只涉及兩條大河流域：印度河與恆河。在印度河的上游地區，喜馬拉雅山融化的積雪滋養了這裡的河流，氣候屬於溫帶，很像美國的中部各州。恆河流域更靠南一些，這裡的收成取決於季候風所帶來的雨水。氣候對人類的生活而言並不理想，生存競爭很嚴酷。

❤透過庫什山隘口，就進入了印度河上游流域，一些亞利安血統的部落就生活在這裡。他們遍布於印度河流域的北部地區，在這裡生活了許多個世紀，創作了《吠陀經》，一部有點類似於《聖經》的著作。後來，有些種族進入了恆河流域，有些作者認爲，隨之而來的宗教分離要歸因於這一流域氣候的壓抑影響。

❤有一百多本書都被稱作《吠陀經》，其中最主要的有《梨俱吠陀》、《夜柔吠陀》和《娑摩吠陀》。吠陀的意思是「智慧」或「知識」。最古老的吠陀經是《梨俱吠陀》，經文由讚美詩組成，大約有一萬節，儘管並非全都是讚美詩——有些被稱爲家常書，有些則是「祝福書」和「詛咒書」。

❤據推測，它們是由不同的詩人和預言家撰寫的。另一些吠陀經則是獻辭，有些被譜成了音樂。

❤《婆羅門書》是用散文形式寫成的神學論文，涉及了獻祭儀式。它們常常顯示出一種反思精神，對於僅僅提供動物犧牲感到不滿，追求與精神存在的統一。

❤跟《婆羅門書》反思的一面關係緊密的是《奧義書》，它是一種完全不同的宗教。作爲一部文學作品，《婆羅門書》的重要性僅次於《梨俱吠陀》。

❤人們普遍同意，《奧義書》寫成於釋迦牟尼時代之前，釋迦牟尼被稱爲「佛」，他死於西元前四八七年，這似乎是肯定的，因爲佛教的整個思想體系是以《奧義書》的哲學觀爲前提的。因此，說《婆羅門書》與《奧義書》發展於前八百年至前五百年之間是有道理的。

❤《梨俱吠陀》更像是一種社會秩序——一種簡單的族長式社會，由被稱作「邦主」的人統治。

❤在《梨俱吠陀》中，家庭是社會的基礎。父親，一家之主，也是主持獻祭的祭司；妻子，儘管臣服於丈夫，但她所擁有的位置，比《婆羅門書》時代更尊貴，因爲她參與獻祭，她是家裡的女主人，與丈夫一起控制著孩子、奴隸，以及丈夫的未婚弟妹。

❤道德標準是很高的。

❤這個群落是農業社會，價值的標準是母牛，儘管也會涉及金和銅之類的金屬。後來，其他地區（尤其是恆河流域）的土著對這裡進行過征服，在因此而引發的戰爭期間，產生了職業的分化，最終出現了僧侶階層、武士階層和農業階層，這就是這些地區種姓制度的肇始。

❤吠陀教神，據稱有三十三個（這在人類進化史上是一個非常重要的數字），但其中最重要的是因陀羅，他是一個部落神，推測起來應該是民族戰爭中的一位戰士——這種好戰的品格他從未丟掉。他屬於塵世——是世俗的。他殺死了龍和妖怪。他是一個饕餮者，一個酒鬼，一個大言不慚的傢伙。另一個神是火神。

❤（我們最好在這裡停下來，考慮一下下面這個引人注目的事實：在幾乎所有這些早期宗教中，都考慮了這四種元素的神聖——地、氣、水、火。這是這些早期宗教的一個普遍教義，在世界的所有地區都是一樣的。這些古老的印度先民，對諸神的繁殖表現出了一種強烈的欲望，這種繁殖是透過諸多大自然的力量的化身而進行的，它們包括：晨星和暮星的力量，太陽和月亮的力量，大地母親的力量，等等。）

❤在《梨俱吠陀》中，「創世」被說成是一次自然生殖的行動（《梨俱吠陀》第四章第二節）。

❤死亡之王被稱爲「閻羅王」，統治著死亡之地，無論善惡。

❤他們的不朽觀念很模糊，儘管後來的文學作品（《奧義書》和《摩訶婆羅多》）中顯示了一種對不朽的強烈渴望。有很清楚的痕跡表明，印度人相信地獄和天堂。

❤《婆羅門書》是一本儀式書，既涉及崇拜，也涉及獻祭，還談到了4個不同種姓的責任——婆羅門（僧侶階層），刹帝利（武士階層），吠舍（農業階層），以及首陀羅（奴隸階層）。

佛教

❤像拿撒勒的耶穌一樣，佛教教義創始人喬達摩（譯者注：即釋迦牟尼的俗姓）也沒有給世界留下自己的著作，儘管有某些包含他的教義的書被歸到他的名下。

❤他在大約西元前五百六十七年出生於貝拿勒斯。他的父親是一位王爺，名叫淨飯。

❤在他出生的時候，他母親正在前往娘家的路上，她兒子出生在一棵大樹下，在一個令人愉快的名叫「藍毗尼」的果園裡。一個禮拜之後，母親去世了，她的妹妹撫養了這個孩子。

❤據說，喬達摩對他作為王子的責任幾乎沒什麼興趣，實際上捨棄了他的家庭、妻子和孩子，把自己的時間都投入到了學習和宗教上。但這種情況並不罕見，因為隨著《奧義書》的出現，那裡發展出了一個苦行者團體，他們捨棄凡塵俗世，在森林和大山裡過著貧苦的生活，靠乞討為生。

❤喬達摩被四個幻象引到了這一步：他看到了一位奄奄一息的老人，一位病入膏肓的患者，一位正在腐爛的死者，一位高貴威嚴的隱修者。在離家出走之前，他偷偷地來到妻兒正在睡覺的房間，看他們最後一眼。

❤這次分離被佛教徒稱作「大捨棄」。

❤然後他去了東南部，恆河之南，在那裡，他花了一段時間在兩位高貴的教師的指導下研習了婆羅門哲學。但這並沒有讓他滿足，他退隱到叢林裡，過了六年最嚴格的苦修生活，從而在印度贏得了名聲。

❤但他依然沒有得到靈魂的平靜，直到有一天，由於加強齋戒，他昏厥倒地，不省人事，弟子們認為他死了；但他恢復了過來，對從這種嚴格苦修中得到進一步的益處，不再抱有希望。他開始正常地進食，放棄了他的自我禁慾。

❤接下來，喬達摩的苦修出現了第二次危機。印度哲學的所有教義對他都失效了，對於能否實現自己的目標，他幾乎徹底絕望了。

❤在遊蕩和冥思中，他在一棵菩提樹下坐了下來。他回顧平生，與誘惑作抗爭，其方式跟文獻紀錄中的耶穌頗爲相同。在這一天行將結束的時候，他在幻象中看到了一條新路，看到自己成了「佛」，或稱「覺悟者」。

❤這棵樹被稱爲「菩提樹」——覺悟之樹。他的祕密是他的平靜潛藏在對人類心靈的影響力中，屬於內在的修爲，是對他人的愛。

❤因爲他的經歷，菩提樹變得神聖起來，對佛教徒來說幾乎就像基督徒的十字架一樣。古往今來，人都有自己的象徵符號，以代表看不見的或形而上的品質。

❤他傳授的教義包括：「最高神」的觀念，舊宗教中的提婆或神都是眞實的存在，但他們都像人一樣，被肉體的羅網給纏住了。

❤他傳授了「因果」和「轉世」。

瑜伽體系

❤我們不能就這樣離開印度及其強而有力的思想流派，而不顧及它們的後續發展，我們必須轉向歷史看看這些古老的信仰是如何發生改變的。

❤無論是吠陀教還是《奧義書》，都沒有被佛教或耆那教所取代，它們都活了下來，在千百年的時間裡先後經歷了許許多多的改變。

❤印度有過多次劇變，在不同的時期被不同的民族（敘利亞人，帕特尼亞人，以及伊斯蘭教徒）征服過。但最重要的征服，是西元一八〇三年大英帝國對她的征服。

❤從《奧義書》的思想中發展出來的五花八門的思想體系都主張：有兩個「永恆的存在」。這就是大思想家迦毗羅的理論，他對《奧義書》中的一神論感到反感，他只承認物質和個人的靈魂——他不承認「神」。

❤瑜伽體系是帕檀迦利創立的，時間更晚。瑜伽的意思是「結合」或「聯合」，這裡說的聯合是與神或更高的自我相聯合，強調的是經驗與知識，而不是苦修、齋戒及其他長期在印度實踐的苦行。這些都被瑜伽所吸收，並按照哲學的解釋，抱著把物質與精神分離開來的目的（這樣它才可以與神聯合起來），而予以推行。

❤一個人頭髮上結滿泥塊，卻依然文風不動地站在那裡（因為靈魂正處在靜態抽象中），直到鳥兒在頭髮裡築巢，這樣的境界，是瑜伽哲學實踐的極端表現之一。

❤《奧義書》的另一個發展是「吠檀多」，是由一位大約生活在西元八百年的吠陀經注釋者創立的。

❤這一理論聲稱，現象世界沒有什麼存在的眞實能超過夢的眞實，生死輪迴的噩夢會一直繼續下去，直到每個靈魂都認識到：除了「梵——我」之外，沒有眞實的存在。

❤那麼，認識自我就成了超渡。

❤這裡的「梵」，有時候的意思是「至高無上的神」，而在另一些時候，則指的是「最高的個人神」。這就是我們相當晚近的一些觀念的起源，比如：物質的不眞實，以及「至高神能成爲個人神」這樣的信念，我們的一些東正教會就持有這些觀念。

❤偉大的印度史詩《摩訶婆羅多》是一部由很多人創作的偉大作品，它大量的素材是一些逐步發展的故事，其基礎可以追溯到印度古代。這個故事中有許多戰爭、陰謀、愛、恨等等，中心圍繞一位主人翁——克里希那，他後來被神化了，成了人們心目中的神，他們把他崇拜爲「薄伽梵」，即「値得崇拜」的意思。

儒教

毋不敬，儼若思，安定辭，安民哉。

——《禮記》

❤上面這句話引自一部非常古老的中文著作，但一個人停下來仔細深思中國人的性格時，我們就知道，這樣的教條已經深深地滲透到了中國人的性格中。沒有哪個民族有這麼多自然無華的莊重、寧靜和敬畏。

❤中華文明的發祥地看來應該是在中國的西北，在那些被黃河所澆灌的地區，氣候乾燥而清爽，富饒肥沃的土地盛產蘋果、梨、葡萄、堅果和黍稷。

❤現代形而上學剛剛開始認識到，宇宙中的每一物體都有隱藏的一面——那個年代的高人多半並不認為這隱藏的一面裡包含什麼要頂禮膜拜的神，但他們也認識到了並向人們傳授一種看不見的品質，或者是精神力量，這跟我們今天所做的並無不同。

❤他們解釋說，宇宙的起源產生自兩種精魂，或者說是兩種「氣」，分別稱為「陽」和「陰」。陽是溫暖、光明和生命，也是「天」，一切好東西都來自於此。

陰是黑暗、寒冷和死亡，也是「地」。陽被細分爲很多善的精神，稱爲「神」。陰被細分爲很多惡的精神，稱爲「鬼」。這兩種精神賦予人類種族以生命。

❤生就在於這些精神的注入，死就是它們的離散，神的品質回到陽，鬼的品質回到陰。

❤正如人有一個「最高統治者」一樣，精神的世界也有一個最高統治者。上帝就是這位統治者，但人們依然要向很多次要的統治者獻祭。

❤這種宗教建立在五部經典著作的基礎上，那是孔子從過去的文獻中整理出來並傳給子孫後代的，這五部經典分別是：《春秋》、《詩》、《書》、《易》、《禮》。這些教義在很大程度上塑造了今天中國人的性格。

❤皇帝被認爲是「天子」，敬畏祖先是儒家教義的主要特徵。神殿分布於全國各地，兩個大的節慶分別在冬至和夏至舉行，顯示他們清楚知道這兩個日子的隱祕意義。

❤中國歷史上最有影響的人是孔子，他大約生活於西元前五百五十年至四百八十年之間。正如記載所表明的那樣，他的生活跟任何時代的任何一個普通人的生活並沒有什麼大的不同。

❤在十五歲的時候，他專心於學習。後來他結婚了，並有了一個孩子，但家庭生活並不合他的意，他做了一名教師；因此運用時間研究學問、潛心思考，這是他所鍾愛的兩件事情。

❤三十歲的時候，他站穩了腳跟。他形成了自己的觀點，並開始有了名氣，吸引了很多貴族家庭的年輕子弟投到他的門下，據說，他一度有三千弟子。他在所有事情上都是一個嚴格的形式主義者，從來不是一個改革者，到頭來，他的宗教成了他祖先的宗教。

❤對他來說，遙遠的過去是一個黃金時代，把這個時代延續下去是他的目標。

❤他最高尚的一句格言是這樣的：

己所不欲，勿施於人。

❤一條眞正地講出了這一宗教的主導原則的金科玉律是：天地間的最高目標是「德」：「中庸之爲德也，其至矣乎。」而且，「秩序是天的唯一法則」。

❤老子是中國第二位偉大的教師和神祕主義者。他大約出生於西元前六百年。他在皇帝的宮廷裡擁有某個高位很多年，但是，當老年的跡象開始在他身上顯現的時候，他便辭去了官職，隱居不出，寫出了那部著名的智慧之書《道德經》。

❤這部書提出了老子最古老的教義。在他的體系中，偉大而值得崇拜的東西就是「道」，這個詞可以翻譯成「道路」、「力量」、「自然」，甚或「上帝」。

❤對老子來說，道似乎是無法用語言表達的無限之物。正如他在下面的這些話中所表達的那樣：

知者不言，言者不知。

……

湛兮，似或存。吾不知誰之子，象帝之先。

❤在這裡，我們看到了聖保羅所說的「跟隨上帝去感覺」。他又說：

上善若水。水善利萬物而不爭，處眾人之所惡，故幾於道。

❤在他的作品中，自始至終存在一種自我抹殺，一種宿命論——佛教的北方形態。大乘佛教大約在西元七五年傳入中國，但這方面的知識很久之前就傳到了這裡，數百年來，中國人一直可以出家爲僧；但隨著時間的推移，中國學者開始去印度旅行，進一步學習印度人的信仰。

❤但儒教始終反對佛教的信仰，結果在國內導致了太多的不滿，因爲很多人在佛教中找到了他們所需要的某種精神上的東西，今天的中國佛教差不多類似於藏傳佛教。他們相信祈禱，相信天堂和地獄是道成肉身之間的寓所等等，在中國也是如此，我們看到了儒教、道教和佛教；沒有唯我獨尊的宗教，但每一種宗教都對整體產生影響。

❤我們發現，儒教致力於道德的人，道教致力於精神力量對人的今生所發揮作用的問題，佛教讓來生變得生動逼眞。儒教處理看得見的現在，道教處理看不見的現在，佛教處理看不見的未來。

神道教

❤日本是亞洲東海岸外的一群島嶼，它們呈曲線分布，從大約北緯31。延伸到45。它的早期居民大概是由兩個種族組成的：阿伊努族與大和族。

❤傳統跟周邊的其他種族大致差不多。大和族征服了大多數領土，但進化卻很慢——人民生活在茅屋裡，既沒有城市，也沒有神殿，他們主要以狩獵和打漁維生，人們也做過一些粗糙簡陋的努力，嘗試著種植稻穀，鐵質工具也得以使用，婚姻和家庭僅僅是部分地得以組織——但到後來，進化由於受到自中國的影響而得以加速——書寫文字被引入，佛教教義開始產生影響，不久之後又傳入了儒教，一直以來，儒教總是更多地屬於物質的哲學，而非精神的宗教——從這裡產生了日本的國家宗教。

❤「神道」，日本的皇帝，在人們的思想裡一直被認爲是來自兩個原始的神，是祂們產生了所有其他的日本神。這種原始持有這樣一種觀念：人、動物和神組成了一個社會。他們用來表示神的單詞是「Kami」，意思是「超存在」。Kami有時候被用在太陽、天甚至風的身上，也應用於大蛇；有時候又應用於珠寶、石頭，事實上可以用於任何讓人驚奇的東西。對他們來說，就像對閃米特人一樣，生命繁殖的祕密是最令人驚奇的，因此，有許許多多的生殖器崇拜符號，但是，據說日本人在生殖器崇拜的符號體系中看到了更高級的訓誡，而不是更低級的東西，因爲在敬畏符號形式的過程中，他們也就敬畏了在形態上最令人驚奇、最仁愛慈善的神。對現代心理學家來說，最好是把下面這個古老的觀念永遠清理出他們的頭腦：爲了人的提升而對他們進行任何這樣的實物教學，都應該被認爲是一種退化的實踐。

❤創造被講成是一個男神和女神傳宗接代的故事，我們身上也有同樣的正極和負極的力量。沒有靈魂的觀念，也沒有罪的觀念，儘管有天堂和地獄的觀念；但我們很高興地說，這兩種觀念都不帶有獎的觀念和罰的觀念。儒家哲學提出了對祖先的極大敬畏，尤其是對統治者的敬畏。這在日本像在中國一樣被稱爲「神道教」，透過它，家庭和婚姻得到了更好的控制，這些在等級上僅次於「神」（Kami）。因此，在神道的信條中，人在此生與神是同類的，而在死後便加入到那些受到敬畏的人的行列中。這種觀念，跟我們現代的人作爲「上帝之子」的兄弟情誼的觀念是何其類似啊！

❤據說，日本人並不祈禱對罪的寬恕，而是爲生活中的美好事物而祈禱；爲快樂而祈禱，而不爲被祝福而祈禱。還有人說，崇拜者「可以意識到，他的心靈並不帶有神的性質，不帶有純潔的性質，他可以根據自己的意願，爲它吹去灰塵，洗去污點，恢復它的純潔」。所有這些，如果加以分析的話，我們就會發現，它應該是極好的現代心理學。

❤於是，今天我們在日本的身上看到了一個首屈一指的東方民族。在那裡，基督教獲得了一些皈依者，但佛教卻更爲盛行；她的進步精神或許在最大程度上，透過儒家的教義而受到了中國的養育，在這裡，我們更清楚地看到了「人如何是民族財富的繼承者」。

希臘哲學

❤希臘的宗教，是音樂、文學、雕塑和繪畫的宗教。這一宗教血統讓它帶有更多的哲學色彩，而不是宗教色彩，然而，其中依然貫穿著一種沉思的調子，顯示了人類心智在這裡對周圍宇宙的巨大工作開始了一次眞正的分析性的回顧。

❤早期的居民可以追溯到西元前三千年，開始於石器時代，他們以與巴比倫、埃及和中國類似的方式進化著。印歐人北邊穿過多瑙河谷進入這裡，反過來受到了青銅器時代的影響。所有這些都混合在一起，被轉化，被吸收。

❤萬神殿只不過是所有神的融合。

❤其中更大的神是阿波羅和赫耳墨斯。

❤在米利都（西元前六世紀亞洲愛奧尼亞人的一座城市），泰利斯、阿那克西曼德和阿那克西米尼認識到了周圍世界的統一，但他們在尋找一種作爲萬物起源的元素，以及能夠對一切做出解釋的變化。

❤泰利斯把它稱爲「水」，阿那克西曼德稱之爲「氣」，但畢達哥拉斯（他很可能在阿拉伯半島和巴比倫從事過研究）則認爲，數字關係解釋了萬物，我們發現，即使在今天，傳授高級思想的老師們依然在講授數字科學。

❤還有一些偉大的頭腦推進了其他一些偉大的觀念。一位哲學家認爲，神是唯一的，而不是有很多，而且祂不同於人。萬物也是一個整體，沒有東西產生，也沒有東西被毀滅。這位哲學家便是色諾芬尼。

❤蘇格拉底（西元前四六九～西元前三九七）是他那個時代的批評哲學家。他讓我們看到很多假知識者的淺薄，同時他試圖把人引到自我認識上來。他是一位傑出的老師，他借助問和答的教學方法從來沒有被人超越過。他相信，自己的體內存在一種精靈，會引導他和他的理念去尋找最好的生活方式。他過著簡樸的生活，當他被判處死刑的時候，他勇敢而愉快地赴死。

❤柏拉圖，蘇格拉底帶了八年的弟子，是世界上最偉大的哲學家、教師和作家之一。他告訴人們，外在環境的萬物都在不停地改變，只有理念是不變的、永恆的。感覺的存在，源於表達永恆理念的努力。在他看來，靈魂站在理念與物質世界中間，並把它們統一起來。靈魂屬於感覺之上的世界，只有在靈魂中，我們才能找到眞實的、持續的存在。

❤柏拉圖的弟子亞里斯多德發現，眞實並不存在於理念中，而是存在於事物中。

「事物永遠在變，但種類保持不變。」他認爲，宇宙的統治者就是心智，這一觀念是永恆的。除了這些偉大的智者之外，接下來的還有諸如斯多葛派和伊比鳩魯學說等學派的創立者。

基督教

❤耶穌出生於巴勒斯坦，這裡後來成了猶太人的「聖地」。

❤這一地區在他出生的時候尚處於羅馬人的統治之下，到這一時期，羅馬事實上成了「世界的主人」，但許多猶太人官員被置於羅馬人的監管之下，比如希律王，他是統治這一特殊地區的國王。正是在他的統治時期，耶穌出生了。

❤他的母親馬莉是木匠約瑟的妻子。耶穌也被培養從事這個行業，並一直做到他大約三十歲的時候。

❤在他達到這個年齡的不久之前，他的堂兄約翰開始宣講「神的國近了」，並給人施洗禮，表示他們的渴望就要實現了。耶穌去讓約翰給自己施洗，當他從水中出來的時候，一個來自天上的聲音對他宣布：他就是「上帝之子」，是人們所期待的

「彌賽亞」。耶穌出現在那些跟他一樣相信彌賽亞正在到來的人當中，事實上，他不僅是一位精神的救世主，而且還會是他們的國王，將幫助他們恢復作爲一個民族的失去的光榮。

❤人們深信他將實現這些期望，這一信念完全淹沒了他，他退隱到了荒野中，以思考它到底意味著什麼。

❤「誘惑」中的敘述，講到了他內心掙扎的故事，從這場抗爭中，他帶著關於「彌賽亞的身分」和「神的國」的新觀念出現了。

❤他明確地放棄了政治理想。那種理想涉及透過武力建立對人的身體的統治。

❤他選擇了自我犧牲和愛的統治。

❤他堅定地擔負起了彌賽亞的使命，但這一使命屬於精神的領域，而不是政治的領域。

❤在他關於「神的國」的教義中，耶穌告訴人們，在內心中接受上帝直接的個人指引是每一個人的特權。有一次，他對人們這樣說：「我不是對你說過嗎？『你就是神』，」而且，「天國就在你的心裡。」天國不再只是一個以上帝作爲遙不可及的君主的君主國，它是一個家庭，上帝是這個家裡慈愛的父親，所有人都是兄弟。

「浪子回頭」的寓言中講出了他的中心思想。

❤他從各種日常的、簡單的行業中挑選了十二個人，作他的門徒和同伴，花了一年多的時間結伴在各地旅行，佈道並診治病人，當他最後把他關於彌賽亞的觀念透露給他們的時候，他們不能理解他對欺騙的堅定指控，以及他對個人正義的強調。

❤他對禮儀的輕視使得那些大權在握的人都反對他，他們最終把他釘死在十字架上。

❤耶穌本人沒有留下任何文字，但他無與倫比的講道和他的寓言——顯示了他對上帝和人的天性的深刻洞察——後來被他的門徒們編纂成冊，如今被收錄在《新約》中。

❤基督教會——是使徒們在耶穌離開他們不久之後建立起來的——故事，是一個很長的故事，我們或多或少有些熟悉。信衆和使徒們都是充滿熱情的傳教士，他們成功地把基督的教義灌輸到了地中海周圍許多國家。

❤但義大利的羅馬大概是最大的中心，偉大的羅馬天主教會正是建立在那裡，今天依然統領著絕大部分天主教信徒。

❤大約在西元一三〇〇年，人們開始發現新理想的需要，其中之一就是要求更大的宗教自由，這部分是透過馬丁．路德和約翰．卡爾文所領導的宗教改革帶來的。從這些改革中，產生出了之後的新教教會，使基督教進一步發展。

今日宗教

❤孔子說，對於人類種族來說，一個極好的理想就是有個好身體——世界上沒有哪個種族比那些受他影響的人民更吃苦耐勞、更能忍受了。

❤幾乎跟孔子同時代的，是索羅亞斯德對農業大發展的影響，以及他關於行星對人和自然的影響的教導，因爲當人被提升的時候，大自然本身也必須得到提升。

❤然後出現了有著犧牲觀念的希伯來種族，以及探索不朽眞理的埃及人，他們正在創造出新文明的倫理規範。

❤佛陀的偉大啓示是深刻的精神性之一，他教人們懂得了生活中冥想的一面，作爲實現人的終極目標的手段。

❤希臘人透過他們用愛和美的創造到達了上帝，希臘至今依然被認爲是藝術之母。

❤羅馬給我們帶來了管理，既有國家的管理也有個人的管理，人類在獲得了這些偉大的基本法則之後，如今已爲另一個偉大理想做好了準備——耶穌基督出現了。「弟子準備好，師父便出現。」

❤到這一時期，「理性時代」正使得人心緒不寧，內在的精神也在擾亂少數人的心靈，讓他們認識到，我們周圍大自然那看不見的力量正在發揮作用。

一家人健康養生的好幫手

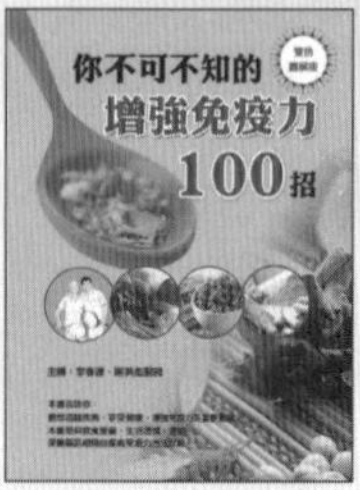

你不可不知的增強免疫力
100招 NT：280

節炎康復指南
NT：270

名醫教您：生了癌怎麼吃
最有效 NT：260

你不可不知的對抗疲勞
100招 NT：280

食得安心：專家教您什麼
可以自在地吃 NT：260

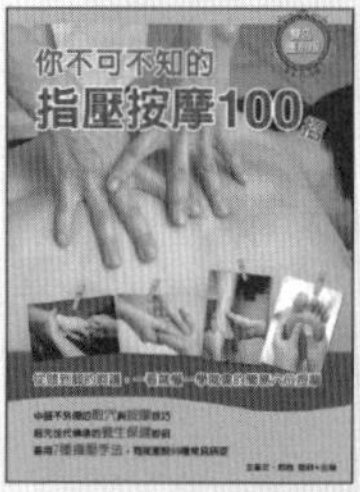

你不可不知的指壓按摩
100招 NT：280

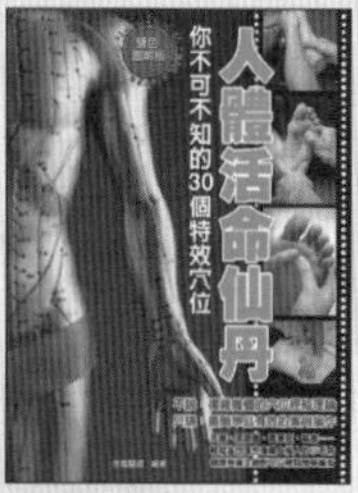

人體活命仙丹：你不可不知
的30個特效穴位 NT：280

嚴選藥方：男女老少全家兼顧
的療癒奇蹟驗方 NT：280

糖尿病自癒：簡單易懂的Q&A
完全問答240 NT：260

養肝護肝嚴選治療：中醫圖解
快速養護臟腑之源 NT：280

微妙的力量：大自然生命
療癒法則 NT：260

養腎補腎嚴選治療：中醫圖解
快速顧好生命之源 NT：280

養脾護胃嚴選治療：中醫圖解
快速養護氣血之源 NT：280

胃腸病及痔瘡的治療捷徑
NT：280

排毒養顏奇蹟：吃對喝對就能快
速梳理身上的毒素 NT：199元

很小很小的小偏方：
常見病一掃而光 NT：260

健康養生小百科系列推薦（18K完整版）

圖解特效養生36大穴
（彩色DVD）300元

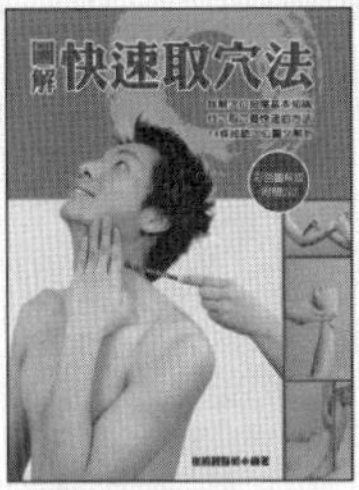

圖解快速取穴法
NT：300（附DVD）

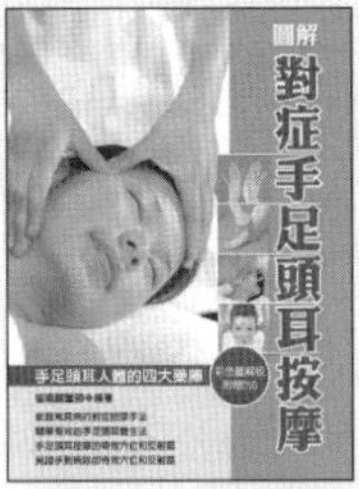

圖解對症手足頭耳按摩
NT：300（附DVD）

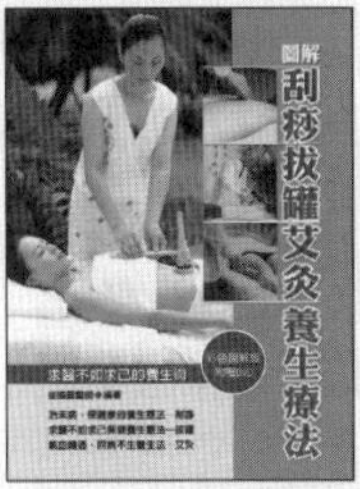

圖解刮痧拔罐艾灸養生療法
NT：300（附DVD）

一味中藥補養全家
NT：280

本草綱目食物養生圖鑑
NT：300

選對中藥養好身
NT：300

餐桌上的抗癌食品
NT：280

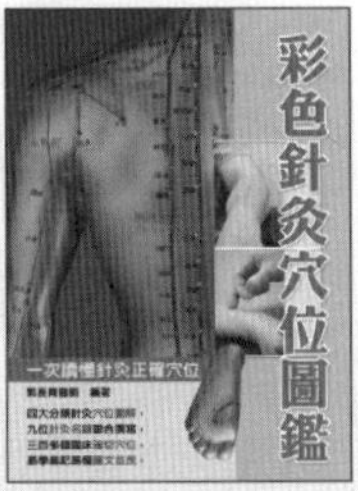

彩色針灸穴位圖鑑
NT：280

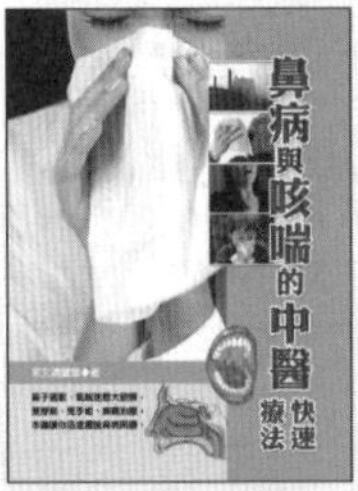

鼻病與咳喘的中醫
快速療法 NT：300

拍拍打打養五臟
NT：300

五色食物養五臟
NT：280

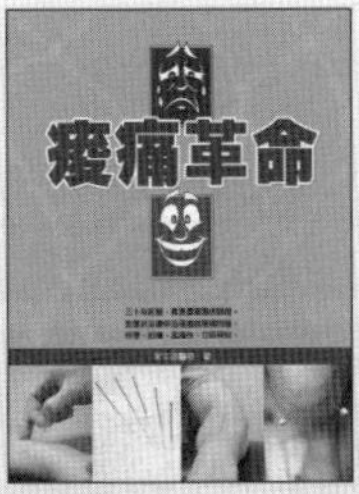

痠痛革命
NT：300

你不可不知的防癌抗癌
100招 NT：300

自我免疫系統是身體
最好的醫院 NT：270

美魔女氧生術
NT：280

心理勵志小百科好書推薦

全世界都在用的80個
關鍵思維NT：280

學會寬容
NT：280

用幽默化解沉默
NT：280

學會包容
NT：280

引爆潛能
NT：280

學會逆向思考
NT：280

全世界都在用的智慧
定律 NT：300

人生三思
NT：270

陌生開發心理戰
NT：270

人生三談
NT：270

全世界都在學的逆境
智商NT：280

引爆成功的資本
NT：280

國家圖書館出版品預行編目(CIP)資料

宇宙中最偉大的財富就是一個人的頭腦／查爾斯·哈奈爾（Charles Haanel）作.——初　版.—— 新北市：華志文化, 2016.06 面；　公分.——（全方位心理叢書；16）

譯自 THE NEW PSYCHOLOGY

ISBN　978-986-5636-55-5（平裝）

1.成功法 2.思考 3.潛能開發

177.2　　105007189

華志文化事業有限公司

系列／全方位心理叢書C316

書名／宇宙中最偉大的財富就是一個人的頭腦

作　　者　查爾斯．哈奈爾（Charles Haanel）
執行編輯　林雅婷
美術編輯　楊雅婷
封面設計　王志強
文字校對　陳麗鳳
企劃執行　康敏才
總 編 輯　黃志中
社　　長　楊凱翔
出 版 者　華志文化事業有限公司
電子信箱　huachihbook@yahoo.com.tw
地　　址　116台北市文山區興隆路四段九十六巷三弄六號四樓
電　　話　02-22341779
印製排版　辰皓國際出版製作有限公司

總經銷商　旭昇圖書有限公司
地　　址　235新北市中和區中山路二段三五二號二樓
電　　話　02-22451480
傳　　真　02-22451479
郵政劃撥　戶名：旭昇圖書有限公司（帳號：12935041）

出版日期　西元二〇一六年六月初版第一刷
書　　號　C316

華志文化

華志文化

華志文化

華志文化